R&I Japan Rating and Investment Information, Inc.

R&I 格付けシリーズ……1

検証・日本の生保

生保危機と再編の行方

植村 信保 著
Nobuyasu Uemura

発行　日本格付投資情報センター
発売　日本経済新聞社

はじめに

二十一世紀を目前に控え、金融機関の生き残りをかけた動きが加速している。

ここ一、二年の間に、日本興業銀行など三行統合（みずほフィナンシャルグループ）や、住友銀行とさくら銀行の合併計画など、大手銀行の再編が相次いだ。経営破綻した日本長期信用銀行や日本債券信用銀行もそれぞれ再出発を目指して動き始めている。信託銀行も再編が進んだ。証券会社に目を転じると、かつての四大証券のうち野村は従来通りの姿だが、山一は消滅。大和と日興はホールセール部門をそれぞれ住友銀行、シティグループと組むことで競争力の強化を図っている。

ところが、生保はこうした金融再生の動きから立ち遅れている。同じ保険でも、損保は高い格付けを背景に将来をにらんだ勢力争いが活発化しているが、生保で前向きな話はあまり聞かれない。フランス・アクサグループの日本市場への本格進出など、外資系による積極的な動きが目立つくらいであろう。

確かに、生保をめぐる事業環境は極めて厳しい。実質ゼロ金利で逆ざやの負担はますます重くなり、契約者の生保離れにも歯止めがかからない。九九年六月には東邦生命保険が経営破綻し、二〇〇〇年に入ってからも大正生命保険に早期是正措置が発動されるなど、契約者の不信感や不安感は募るばかりだ。

このような生保業界の信用力が客観的に見てどのような状況にあり、どのような方向に向かっているのかを探るのが、本書の第一の目的である。特に、第2章「生保格付けの現状とディスクロージャー」では、生保の信用力と格付けのポイントについて項目別に解説した。また、第4章「新世紀に向かって」では、産業としての生保の将来展望について、第5章「プレーヤーたちの素顔」では個々の会社の経営内容について、それぞれ筆者の見解を述べている。

本書のもう一つの目的は、契約者と生保との「情報格差」を少しでも埋めることにある。本文中にも書いたが、生保では他業界に比べアナリスト（＝会社の経営内容を分析する）機能が絶対的に不足しており、ディスクロージャーが有効に活用されていないのが現状だ。生保事業そのもののわかりにくさや、ディスクロージャーが依然として不十分ということもあるが、せっかく民間で経営しているにもかかわらず、市場原理がうまく働いていないと言える。情報格差を少しでも縮め、社会的なコストを小さくすることが格付け機関やアナリストの役割だ。水準を下げたつもりはないが、生保に関心のある一般の方にも理解していただけるよう、わかりやすい記述を心がけ、引っかかりそうな用語には解説を加えた。もちろん、格付け業務上知り得た、機密に属する情報には基づいていない。

生保への風当たりは強く、ある意味では批判されても仕方がない部分もある。しかし、生保という民間のシステムは国民の財産であり、これをどのような方向に持っていくのかは十分な議論が必要であろう。本書がそのきっかけになれば幸いである。

なお、本書の執筆に際し、インタビューに応じて下さった高橋伸子氏（生活経済ジャーナリスト）をはじめ多くの方に御意見や御協力を賜った。厚くお礼を申し上げたい。

二〇〇〇年三月

植村　信保

目　次

第3章　生保システムの動揺

用語解説

第1章

生保危機

1　相次ぐ経営破綻

◆東邦生命の破綻

「まさか一度も決算できずに経営破綻してしまうとは」

一九九九年六月四日、中堅生命保険会社の東邦生命保険は事業の継続を断念する決議を行い、金融監督庁は直ちに保険業法に基づき業務の一部停止を命じた。日産生命保険に次ぐ戦後二番目の経営破綻である。

東邦生命は九八年二月に米大手ノンバンク、GEキャピタルと業務提携を行い、共同で設立したGEエジソン生命に新規の保険販売組織を譲渡。自らは過去に引き受けた契約の維持、管理に専念する会社となった。販売組織の譲渡により受け取った「のれん代」など一二〇〇億円の収益を活用し、「財務体質の健全化と内部留保の充実を実現」（東邦生命ディスクロージャー資料、一九九八年版）したはずだった。だが、再出発した東邦生命は、初年度の決算も乗り越えられず経営破綻した。

確かに提携当初から東邦生命の先行きを疑問視する見方は強かった。

「過去に販売した高い予定利率の契約は提携後もそのまま残る。しかも新規契約をとらないので、運用利回りとの逆ざやがなかなか解消しない」

「GEエジソン生命の営業成績がはかばかしくなければ、受け取ったのれん代の一部を返さなければならない」

「新規契約が入ってこないので、いずれ会社は消滅に向かう」

などの懸念材料があった。格付け機関の評価も芳しくなく、提携後、むしろ格付けは低下する傾向となった。とはいえ、この時点（九九年六月）での破綻を予想した人は多くなかっただろう。

破綻の引き金となったのは、九九年三月期決算を監査法人トーマツが承認しなかったことと言われている。浛《さこ》川利内社長によれば、東邦生命はトーマツから有価証券の含み損や不良債権など総額二三〇〇億円の追加処理を求められ、全額処理すれば約二〇〇〇億円の債務超過に陥るため、事業継続を断念したとのこと。監査法人が決算を承認せず破綻に追い込まれるというのは、過去にはなかった話だ。ここ数年に起きた相次ぐ大型破綻で監査法人のあり方が問われており、トーマツに限らず各監査法人とも決算には厳しい姿勢で臨んでいる。東邦生命の場合も、浛《さこ》川社長の言うように「監査基準が前年度と比べ、突然厳しくなった」のかもしれない。

保険業法　民間の保険業を規制する法律。現在の保険業法は95年に半世紀ぶりに全面改正されたもので、「規制緩和・自由化の促進」「保険業の健全性の維持」「公正な事業運営の確保」が改正の基本方針となっている。（第3章2「行政の変化」参照）

予定利率　生命保険の保険料は予定死亡率、予定事業費率、予定利率の3つの基礎率から計算されている。予定死亡率は一定期間の死亡状況から、予定事業費率は保険事業を運営するためのコスト見込みから、それぞれ設定される。予定利率は保険会社が預かった保険料を運用する際の利率である。個人保険の場合、運用利回りがどんなに低下しても、契約時の予定利率が変わることはない。そのため、各社とも過去に募集した高い予定利率の契約と、ゼロ金利下で低下する資産運用利回りの「逆ざや」に苦しんでいる。予定利率が変わるのは、現行制度では保険会社が経営破綻した時だけだ。（第1章2「超低金利にあえぐ生保」参照）

図表1－1　東邦生命の業務提携図

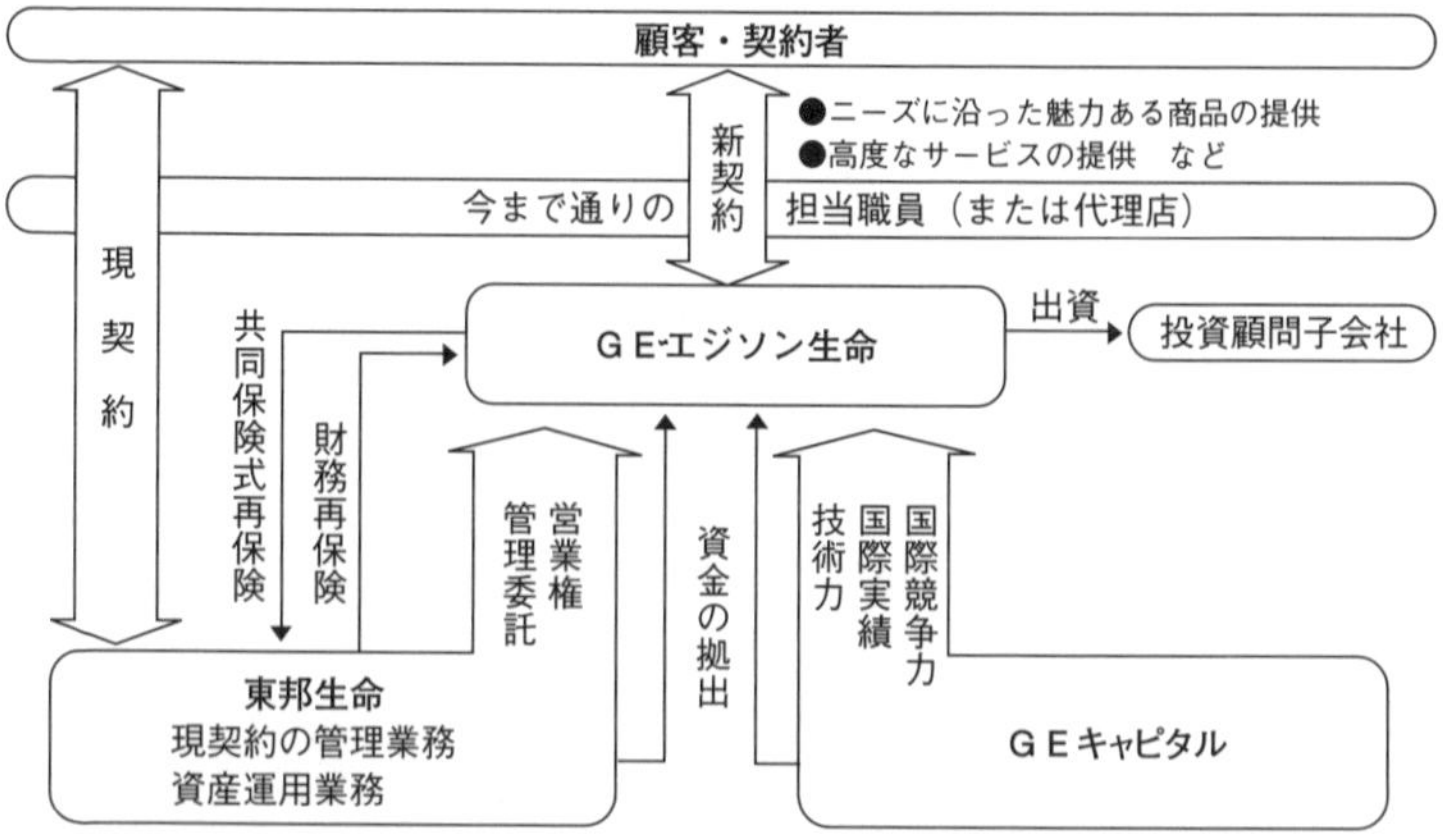

（注）資金の拠出は、普通株、優先株、劣後ローン（または債券）などの組み合わせによる
（出所）『東邦生命1998』

◇破綻の真相

だが、たとえ破綻の直接の原因が監査基準の変更だとしても、それはあくまで引き金にすぎず、会計士が東邦生命を破綻に追い込んだとは言えないだろう。それは米格付け機関ムーディーズが山一証券に「引導を渡した」と言うのと同じで、むしろ破綻の真相は別のところにある。

東邦生命の場合、ワンマン経営者による無軌道経営などが指摘されている。業界関係者からは、「あそこ（東邦生命）はあくまで特殊なケース。一緒にしないで欲しい」という声が多い。

東邦生命は太田一族が前身の徴兵保険時代から八〇年以上も経営に携わり、前社長の太田清蔵氏は九五年七月に二期連続赤字の責任をとって辞任するまで、一八年間も社長の座に就いていた。太田一族のファミリー企業との癒着もしばしば取り沙汰された。

しかし、バブル期を中心に大量販売した予定利率の高い契約を賄うため不動産関連投融資などハイリスク・ハイリターン型の投融資に傾斜し、その後のバブル崩壊で多額の不良資産を抱えたという点は、九七年に経営破綻した日産生命と全く同じ構図であり、程度の差はあれ大手、中堅生保も共通の問題に苦しんでいる。さらに言えば、監督当局が早期に動かなかったため、株価下落などにより損失額が膨れ上がったというのも同じである。

過去の決算データを見ると、東邦生命は九三年三月期には相当規模の逆ざやに苦しんでいたと見られる。バブル期に一時払い養老保険や個人年金保険など貯蓄性商品に傾斜したため、その後の金利低下に苦しむ結果となった。ピーク時には実質八％という高利回りの商品も販売している。九四年三月期からは不動産の売却益（おそらく関連会社にバックファイナンス付きで売却）も活用して何とか配当所要額を捻出する状態となり、九五年三月期は危険準備金や価格変動準備金など内部留保にも手をつける厳しい決算となった。それでも九五年七月の太田前社長の退任以降、一気に世代交代を進めるなど経営刷新を図ってきたが、不良債権問題など負の遺産は重く、常にマスコミによる「危ない生保」の筆頭にあがっていた。

そして九七年に日産生命、北海道拓殖銀行、山一証券と金融機関の大型破綻が相次ぐなかで、東邦生命はかつてない規模の解約ラッシュに見舞われた。特に九七年十二月からの数カ月間はものすごかったようだ。

銀行や証券会社とは異なり、生保は資金繰りが問題にはなりにくい。換金性の高い資産を大量に抱えているし、大口の資金が何の予告もなく一度に流出するこ

一時払い養老保険　養老保険とは保険期間中に被保険者が死亡しても、満期を迎えるまで生存しても、同額の保険金を受け取ることができる保険である。このうち、保険料を月払いではなく加入時にまとめて支払う商品を一時払い養老保険と言い、80年代には高配当と税制上の魅力でブームを呼んだ。財テクブームの時代には、長信銀の利付金融債や信託銀行の貸付信託、あるいは郵便局の定額貯金などと比べられた。

とはほとんどない。だが、この時期の東邦生命はかなり厳しかったのではないだろうか。公表資料からも総資産は一年間で四兆五〇〇〇億円から三兆円まで減少し、公社債や外債など換金性の高い資産の売却で対応した姿が見てとれる。何とか生き延びるために選んだ選択肢がGEキャピタルとの業務提携だった。

当時の新聞は「東邦生命が事実上、GEキャピタルの傘下に入る」と報じたが、これは事実に反する。例えば、九一年に経営危機に陥った米エクイタブル生命は株式会社化を前提（当時は相互会社だった）にフランスの大手保険会社であるアクサグループの傘下に入ったが、GEキャピタルと東邦生命の関係はこのようなものではない。共同で設立したGEエジソン生命はGEキャピタルの実質的な子会社だが、東邦生命から独立した会社で、東邦生命の保険契約や保有資産は新会社に移転せず、そのまま残った。ディスクロージャー資料にも「（GEエジソン生命は）当社とは別会社であり、お客様と当社の現契約について責任を負うことはありません」とはっきり書いてある。このような屈辱的な提携を結ばなければならないほど東邦生命は追い込まれていたのである。

しかし、延命策の甲斐もなく、東邦生命は再出発後一年で破綻してしまった。

◇日産生命の経営破綻

東邦生命の破綻に先立つこと二年。同じく中堅生保の日産生命が業務停止命令を受けた。生保不倒神話の崩壊である。

相互会社　保険会社にのみ認められた会社形態で、株主が存在せず、契約者が「社員」として経営に参加できる。もっとも、社員数が非常に多いので、実際には社員のなかから総代が選ばれ、社員の代表として社員総代会（株式会社の株主総会にあたる）に出席している。（第4章2「業界再編は進むか」参照）

日産生命は、バブル期に個人年金など貯蓄性商品の販売で急拡大した会社だ。特に、金融機関のローンを活用した一時払い個人年金に積極的に取り組んだ。顧客は金融機関から融資を受け、その資金で保険料を一括払いするというもので、毎月積み立てるよりも保険料が割安となるしくみである。金融機関が販売に積極的に関わっており（銀行などが保険商品を売るのは法律違反である。念のため）、顧客からすれば日産生命の保険に加入しているという意識はほとんどなかっただろう。実際、経営破綻してから初めて自分が日産生命と契約していることを知った契約者も少なくない。

このような個人年金の拡販により、八七年三月期末には四四〇〇億円にすぎなかった総資産は、三年後の九〇年三月期末には一兆六〇〇〇億円と約四倍に膨れ上がった。日産生命の経営者は規模の拡大こそが生き残る道と考えていたのであろうか。そこにはＡＬＭ（資産と負債の総合管理）という発想は全くなかった。

大半の生保商品は契約時点の予定利率が将来も変わらない。しかも、個人年金のように契約期間が非常に長いものが多い。日産生命はバブル期に大量に抱え込んだ予定利率の高い商品に充てるため、やはりハイリスク・ハイリターン型の運用に傾斜し、その後の運用環境の悪化により逆ざやが発生し、資産内容も劣化していった。

日産生命の米本社長（当時）は記者会見で「三、四年前から債務超過状態」とコメントしていた。確かに過去の決算データから推測すると、すでに九三年三月期にはかなりの逆ざやが発生し、決算を何とか乗り切るために責任準備金（保険料の積立金）を取り崩して対応していた可能性が高い。本来、逆ざやはまず保険関係の差益でカバーし、埋め切れない分を株式含み益の捻出や不動産の売却で補う。不十分なディスクロージャーのため詳細はわからないが、推測の通り責任準備金に手をつけていたとすると、この時点でもう資産含み益はほとんど枯渇し、どうしようもない状態に陥っていたとしか考えられない。

ただ、当時の監督当局である大蔵省はこれらを知ったうえで毎年決算を承認してきた。日産生命の募集活動はこの間も通常通りに行われ、顧客は何も知らされず保険に加入した。業務停止命令が出されたのは、保険業法が改正され保険契約者保護基金（限度額二〇〇〇億円）が創設されてからである。

ここでも破綻のポイントは、①経営規模の拡大を追求するあまり高い予定利率の商品を大量に抱え、その後の低金利で苦しむこととなった、②逆ざやを補うためハイリスクの運用に走り、失敗して傷を深めた、③監督当局の対応が遅れ、損失額が拡大した、という三つに整理できるだろう。

その後の経緯にも簡単に触れておきたい。損失額が当初発表の一八〇〇億円から三〇〇〇億円に膨らんだこともあり、日産生命の破綻処理は迷走した。大蔵省の思惑通りに生保業界から救済会社は現れず、関係の深い日立製作所、日産自動車からの支援も断られた。結局、生命保険協会が新規に契約をとらない受け皿会社「あおば生命保険」を設立し、日産生命の保険契約を引き継いだ。業界が拠出する保険契約者保護基金は限度額が二〇〇〇億円で、残り一〇〇〇

保険契約者保護基金　95年に保険業法が改正されるまで、保険契約を強制移転したり保険金の削減を強制したりする規定があった。改正でこれらがなくなり、代わりに保険契約者保護基金が設立され、経営危機に陥った会社の契約移転が円滑に行われるようにした。基金からの資金援助は、破綻会社の契約を受け入れる救済会社に行うしくみになっていた。だが、日産生命の破綻処理では救済会社が現れず、やむをえず生命保険協会が暫定的に新会社（あおば生命）を設立し、そこに資金援助を行った。しかも、基金による援助額の上限は2,000億円で、日産生命の破綻処理で使い切ってしまった。その後1年ほど空白期間が続いたが、98年12月に保護基金の弱点を強化した「生命保険契約者保護機構」が設立され、現在に至っている。（第3章2「行政の変化」参照）

億円の損失はあおば生命の将来の利益で埋める。つまり、受け皿会社に損失を先送りしたのである。そして、日産生命からあおば生命へ契約が移る過程で、予定利率は二・七五％に引き下げられた。

十月にあおば生命が営業を始めると解約者が殺到し、半年のうちに個人保険の三分の一、個人年金の四五％が流出。総資産も二兆円強から一兆四〇〇〇億円に減った。「早期解約控除制度」により、解約が多ければ多いほど、あおば生命の利益は拡大する。あおば生命は日産生命から引き継いだ損失（営業権として資産に計上）を抱えているが、解約が予想以上に進んだため、営業権はすでに九九年三月末には三二〇億円にまで減っている。

さらに、九九年九月にはフランス・アルテミスへの売却（正確にはアルテミスの子会社に株式を二五〇億円で譲渡）が決まった。アルテミスはフランスの投資家ピノー氏一族の持ち株会社で、日本では傘下の百貨店「プランタン」で知られ、九一年に経営破綻した米準大手生保エグゼクティブ・ライフの更生にも関わっている。これにより、日産生命の破綻処理はようやく決着することになった。

◇破綻生保の契約者はどうなったか

やや視点を変えて、破綻生保の契約者がどのような目にあったのか見てみたい。

日産生命のケースでは、結果的に責任準備金（保険料の積立金）は一〇〇％保護された。すなわち、契約時点から経営破綻（正確には変更基準日）までに積み立ててきた金額は、その期間については高い予定利率のまま守られた。例えば、あと一年で満期を迎えるような契約は、あまりダメージを受けなかった。

ただし、あおば生命に契約が移る際（これも正確には変更基準日）に予定利率が二・七五％に下がっ

図表１－２　東邦生命の破綻処理

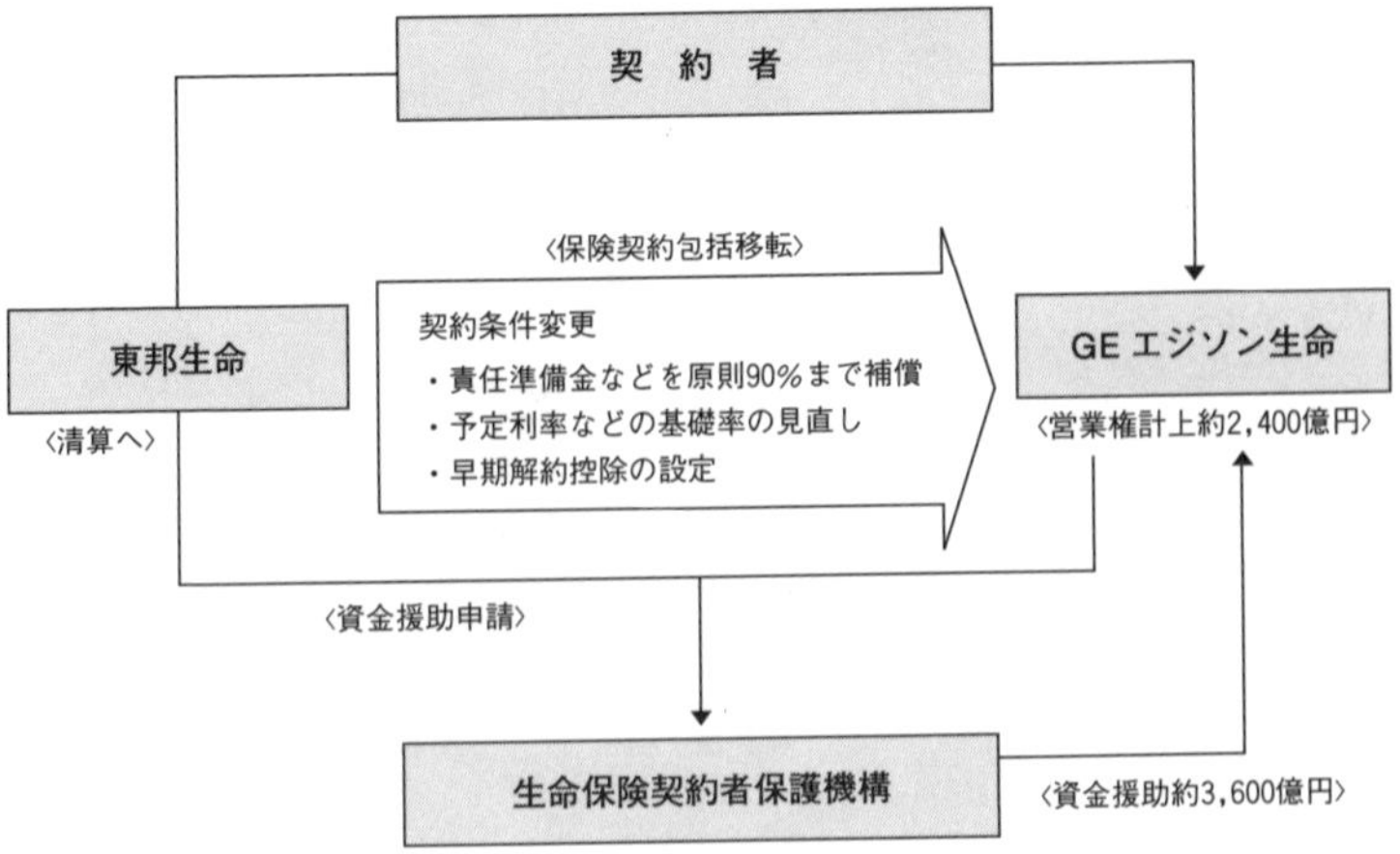

（出所）　東邦生命報道用資料

ため、将来受け取れる保険金額が減ってしまった（保険料は従来のまま）。特に、個人年金や養老保険のように貯蓄性が高い商品で、今後の保険料払い込み期間が長いものほど削減幅が大きくなった。例えば、日産生命の主力商品だった保険料一括払いの一〇年保証終身年金では、性別や加入時の年齢などにもよるが、受け取る年金額が五割以上減少するケースも少なくなかった。

他方、早期解約控除制度も導入された。契約者が保険を解約する場合、所定の解約返戻金（解約すると戻ってくる金額）を受け取ることができるのだが、二〇〇四年三月期までの七年間はこの返戻金を一部カットするという話だ。例えば、九八年三月期にあおば生命の保険を解約した場合には、解約時に戻ってくる金額が通常よりも一五％少なくなる。

今後の契約者への配当も多くは期待できないだろう。あおば生命が日産生命から引き継いだ損失（営業権）が残っているうちは、契約者に配当が支払われることはまずなかろう。経営がアルテミスに変わり収益力が

図表１－３　保険契約者保護機構による補償のイメージ

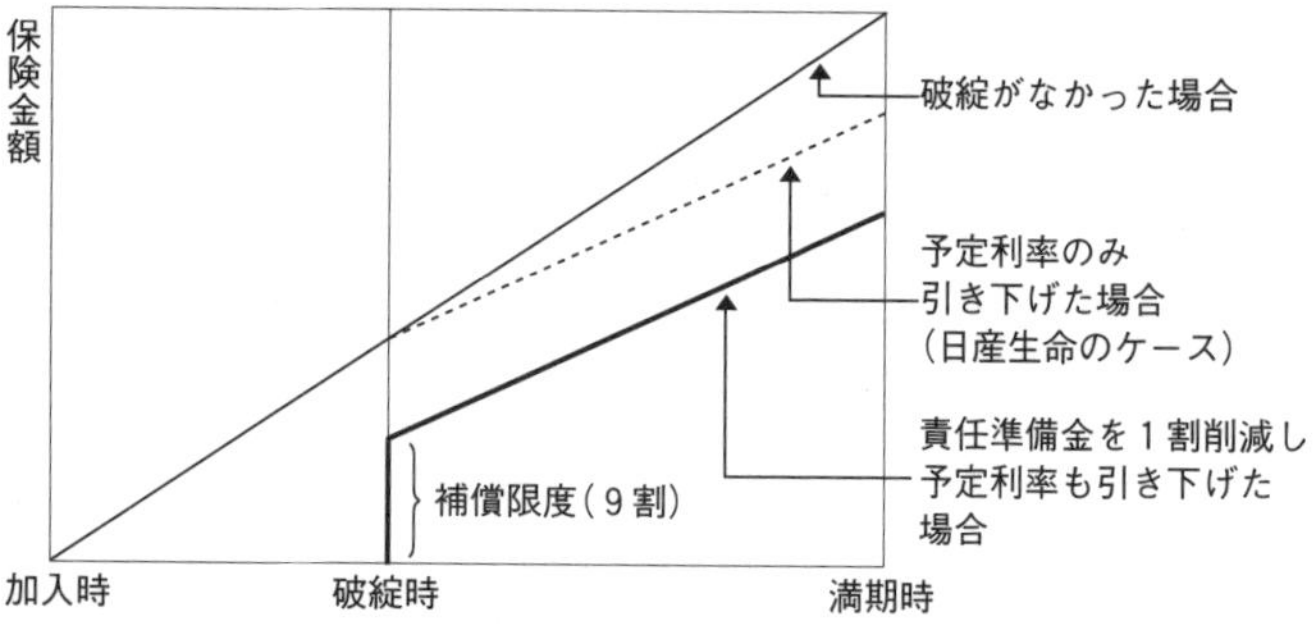

（出所）　金融審議会第２部会

高まれば配当再開の可能性が高まるものの、多くは期待できない。アルテミスは投資目的であおば生命を買ったのであり、契約者への配当よりも自社の収益を優先するだろう。

日産生命の破綻処理では、予定利率の引き下げや解約返戻金の削減などにより、契約者も経営破綻の責任をとらされたということになる。戦後初の生保破綻では、契約者の自己責任原則を先取りする形になった。

東邦生命の破綻処理は、日産生命の時に比べさらに難航し、合意までに約七カ月もかかった。東邦生命はＧＥキャピタルとの提携で既契約の維持・管理会社になっており、しかも当初二〇〇〇億円と伝えられた債務超過額は九九年九月末には六五〇〇億円まで膨れ上がったことが、処理を難しくしたと見られる。保護機構からの援助額は約三六〇〇億円にのぼり、限度額（四六〇〇億円）の大半を使うことになった。

結果を見れば、契約者は日産生命の場合よりも総じて厳しい負担を強いられた。日産生命では結果的に一〇〇％守られた責任準備金が、今回は九割にカット（個人年金などは一〇〇％補償も）された。運用環境の厳しさを反映し、新しい予定利率は一・五％まで引き下げられた。この契約条件の変更で保険金額が削減され、保険料一括払いの終身保険や個人年金では受け取る金額が七、八割も減ってしまうケースもある。解約した場合のペナルティーも導入されている。

日産生命の時とは異なり、GEエジソン生命が救済保険会社として存在するのはプラス材料だ。営業職員によるサービスを引き続き受けられ、GEエジソンに契約転換制度が導入されれば契約内容を変えることもできる。「結果的にはGEエジソンのいいとこ取り」との批判も納得できるが、契約者にとっては救済会社が現れた方がよかっただろう。GEを批判するのであれば、そもそも一年後に破綻するような提携を認めた監督当局を非難すべきだ。

なお、気になるのは処理内容の不透明さである。例えば清算会社に三〇〇億円が確保されているが、外部調達した劣後ローンの返済に充てるのだろうか。また、財務再保険による手数料（二七頁参照）はどうなったのか。補償される責任準備金が何方式によるものなのか（四〇頁参照）もよくわからない。

2 超低金利にあえぐ生保

◆消えない逆ざや

生保の危機が取り沙汰されてから久しい。危機が表面化したのは、一九九五年三月期決算で経常赤字となった会社が続出した頃からだろうか。それ以来、マスコミは繰

契約転換制度　すでに加入している保険を解約しないで、貯まっている保険料積立金などを活用して同じ会社の新しい保険に入るしくみ。「契約の下取り」「コンバージョン」とも言う。（第3章1「生保離れの真相」参照）

り返し生保の危機を訴え、何人もの保険評論家が現れて、生保について様々なコメントを出すようになった。特に日産生命が破綻した九七年春以降、この傾向に拍車がかかった。

最近の経済誌の生保特集や生保関連の書籍のタイトルを見ると、「危機」に始まって「生き残り」「全滅」「崩壊」「瀕死」「堕落」「地雷」「暴風域」と何ともすさまじい（「未来」というのもあるが……）。売るためにはどうしても衝撃的なタイトルになるのだろう。とはいえ、ある意味で今の生保の苦境を象徴的に示している。

言うまでもなく、生保業界を取り巻く経営環境は年々厳しさを増している。顧客による不信感や不安感などもあって、保有契約の減少に歯止めがかからない。実質ゼロ金利という超低金利政策で資産運用は一段と困難になっている。株価は最近やや持ち直しているとはいえ依然低水準であり、不良債権問題への懸念も未だ払拭されていない。このように生保の抱える悩みの種は尽きないのだが、なかでも「逆ざや」は最大の問題と言ってもいいだろう。

各社が決算発表時（九九年三月期）の記者会見で公表した逆ざや額は、日本生命保険三六〇〇億円、第一生命保険二四〇〇億円、住友生命保険二三〇〇億円となっている。各社の当期剰余（一般の当期純利益に相当）はそれぞれ八八四億円、七一九億円、一一九〇億円で、比べてみるとその大きさがわかるだろう。九九年三月期は一〇年前に販売した予定利率の高い一時払い養老保険が大量に満期を迎えたが、他方で市場金利が一段と低下したため、大半の会社で逆ざやが拡大してしまった。大手、中堅生保で逆ざや額が拡大しなかったのは協栄生命保険と東京生命保険の二社だけだった。

逆ざやが現実に各社の損益を大きく圧迫するようになったのは、一部の会社を除けば九四年三月期あたりからだ。九六年三月期には日本生命の公表逆ざや額は四二〇〇億円まで膨らんだ。九〇年には六%

図表１－４　生保15社の公表逆ざや額

（単位：億円）

	95/3	96/3	97/3	98/3	99/3	（対総資産）
日本	2,700	4,200	3,000	3,300	3,600	(0.85%)
第一	1,800	2,900	1,900	2,100	2,400	(0.82%)
住友	2,000	2,800	2,100	2,200	2,300	(0.96%)
明治	1,300	1,900	1,200	1,300	1,500	(0.87%)
朝日	900	1,400	1,000	1,100	1,300	(1.07%)
三井	800	1,200	800	834	867	(0.83%)
安田	680	1,000	600	670	790	(0.82%)
太陽	600	1,000	900	860	900	(1.30%)
大同	220	540	137	100	121	(0.22%)
協栄	400	700	650	700	700	(1.36%)
富国	300	400	290	300	350	(0.80%)
千代田	650	800	470	410	440	(0.94%)
日本団体	300	340	120	110	250	(0.68%)
第百	300	500	300	250	350	(1.34%)
東京	130	200	130	130	120	(0.93%)

（注）　総資産は期首期末平均
（出所）　各社公表データ

だった公定歩合が、戦後初めて一％台まで低下し、長期金利もピーク時の八％から三％まで下がった。その後、生保は個人保険や団体年金の予定利率を大幅に引き下げてきたが、資産運用利回りも年々悪化し続けているため、逆ざやは一向に解消していない。

◆逆ざや発生のしくみ

なぜ、生保では巨額の逆ざやが発生するのか。それは生保の契約が何十年という長期間にわたることと関係がある。これが損保の積立保険のように三～五年程度であれば、それほど深刻に考える必要はないのだが……。

生保事業は大ざっぱに言えば、顧客から預かった保険料を一定の利率（予定利率）で運用し、将来保険金として支払うというものである。だが、団体年金などを除き、予定利率は契約している間に変わることはない。現在、大手生保が主力としている商品の予定利率は二・一五％なので、定期

図表1－5　予定利率と長期金利の推移(個人保険)

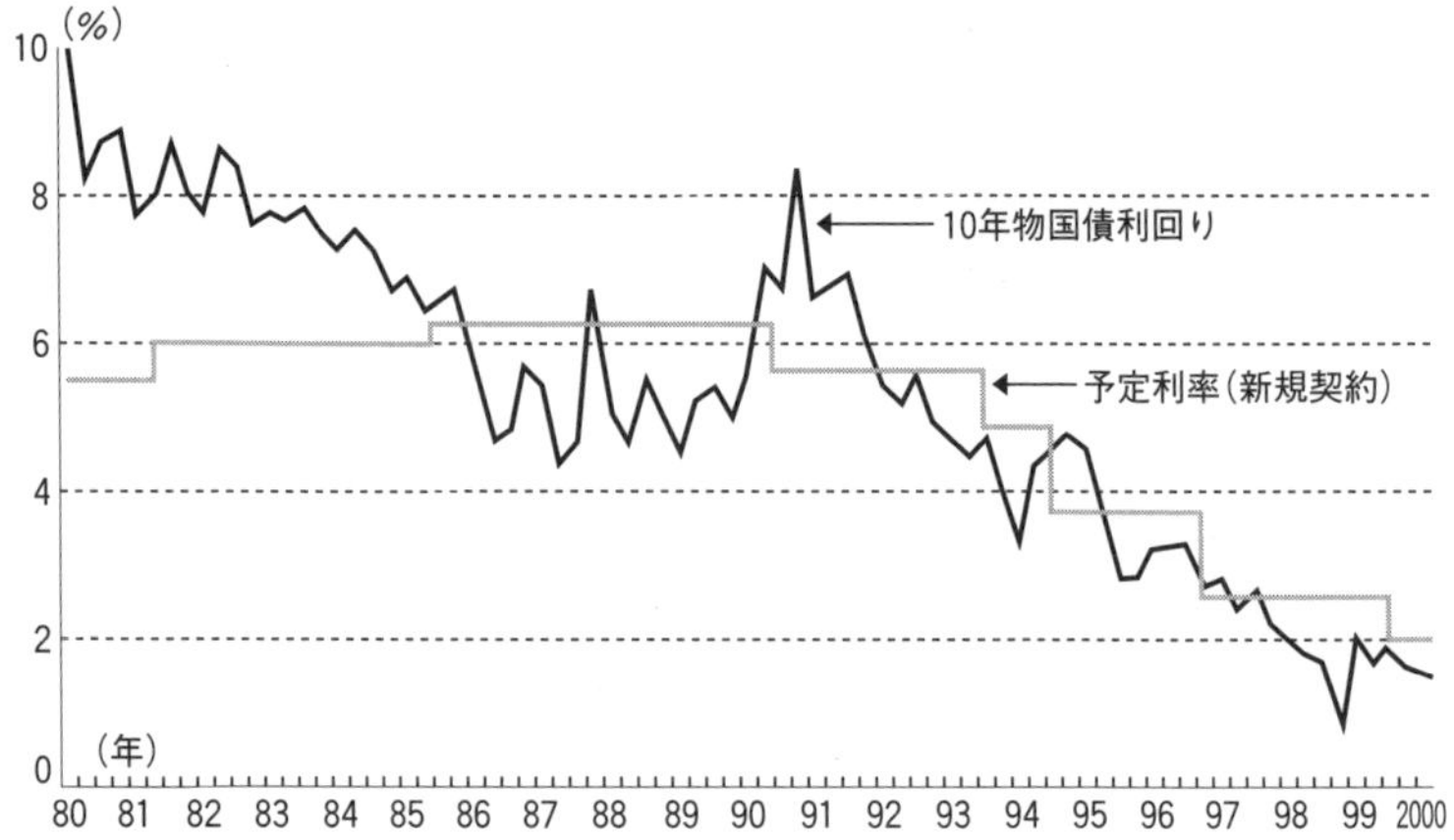

特約の契約期間が三〇年の定期付終身保険であれば、三〇年間は予定利率が二・一五％のままだ。

他方、顧客から預かった保険料は生保が責任を持って運用することになるが、当然こちらは運用環境の変化に左右される。今日のように市場金利が極端に下がってしまうと、生保の資産運用利回りはどうしても悪化せざるをえない。株式や外貨建て資産への投資でハイリターンを狙うことも一つの手だが、これらは高いリスクを伴い、失敗すれば大きな損失を覚悟しなければならない。実際、多くの生保が株価下落や円高で大打撃を受けた経験を持っている。

大手、中堅生保では、九九年三月期の平均予定利率が四％前後の会社が多い。最近の契約は予定利率が二％台に下がっているが、過去に販売した予定利率の高い契約を依然として大量に抱えているため、平均の予定利率はなかなか低下しない。予定利率の低い新規契約をたくさん集めることができれば、会社全体の平均予定利率は早く下がる。しかし、現状のような販売不振では、新規契約の拡販による平均予定利率引き下げは期待薄だ。このため、平均予定利率の低下はせいぜい一年間に〇・一〜〇・二%くらいだ。会社別に見ると、大同生命保険の三・六%から太陽生命保険や第百生命保険の四・四%までかなりの格差がある。団体年金（一般勘定）のウエートが高い会社ほど利率が低くなる傾向がある（団体年金は個人保険や個人年金とは違い、予定利率の引き下げがすべての保有契約に影響するので、平均予定利率の引き下げ効果が大きい。九九年四月に大手生保をはじめ多くの会社が団体年金の利率を二・五%から一・五%に引き下げたため、この影響で各社の平均予定利率はかなり下がる)。

一方、有価証券や貸付金の利息配当金収入を中心とする運用利回りは、三%程度である。平均予定利率が約四%だから、単純に言えば一%程度の逆ざやということだ。九九年三月期の場合、運用利回りは一年間で〇・二〜〇・四%は下がり、個人保険や個人年金では逆ざやが拡大している。

現在は実質ゼロ金利政策がとられ、市場金利はこれ以上大きく下がる余地がないところまでいっている。しかし、各社とも過去に購入した高利率の債券が次々に償還を迎えるため、その分、運用利回りは下がってしまう。市場金利が反転しない限り、各社とも引き続き多額の逆ざやに悩まされることとなる。

◆予定利率が下がると保険料は上がる

ここで、生命保険と金利の関係をもう少し考えてみたい。

顧客の立場から見れば、九〇年代に入ってから予定利率の引き下げで、保険料が何度も上がっている。金利が下がるとどうして保険料が上がるのだろうか。

最も原始的な保険のしくみは、加入者がお金をプールし、一年間のうちに死亡した人が出ればそこから保険金を支払い、余ったら加入者に返す、というものだろう。会社で回覧募集する団体定期保険はこのようなタイプである。一年で完結してしまうのならば、金利は大きく影響しない。しかし、通常は生保の契約期間は一年間ではなく数年間、あるいは数十年間にわたるうえ、貯蓄機能が組み込まれている商品も多く、金利が重要な要素になっている。

個人向けの代表的な商品と言えば、定期保険、終身保険、養老保険、個人年金保険の四つがあげられる。定期保険と終身保険はともに「死亡保険」に分類され、定期保険では保障が一定の期間に限られるのに対し、終身保険は死ぬまで保障される。養老保険は「生死混合保険」と呼ばれ、一定期間内に死亡した場合にも、満期時に生存している場合にも保険金が受け取れる。最後の個人年金保険は「生存保険」で、一定期間後に生存していれば保険金が支払われる。

このうち、最も金利の影響を受けるのは個人年金と養老保険だ。同じ三〇年後に一〇〇〇万円の保険金を受け取る契約でも、予定利率が年五・五%と年一・五%では毎月積み立てる保険料が全く違ってくる。利率が下がったら、前よりも余計に保険料を支払わなければ満期時に一〇〇〇万円に達しないことになる。

満期というものがない終身保険でも、個人年金や養老保険ほどではないが、金利による影響は大きい。終身保険では、保障期間は一生だが保険料の支払いは一定期間内なので、あらかじめ保険料を多めに支払い、一生分の保障を確保するしくみになっている。将来保険金を支払うために貯めたお金は一定の金利（＝予定利率）で運用することになる。

他方、定期保険の場合は掛け捨てで、しかも保障期間と保険料の支払い期間が一致するので、金利の影響はほとんどない（厳密に言えば、定期保険でも金利の影響がある。仮に、三十歳の男女一万人が三〇年間の定期保険に同時に加入したとする〈保険料は一定〉。年をとるごとに死亡率は上がっていくので、保険が始まったばかりの時期は保険金の支払いが少なく、時間が経つにつれて保険金の支払いが増えていく。このため、支払いが少ない時期の保険料を貯めておき、将来増加する保険金支払いに備えるのであるが、ここに金利が関係してくる)。

以上をまとめると、掛け捨ての定期保険では予定利率はほとんど関係がなく、個人年金や養老保険、終身保険では、予定利率が下がるたびに保険料が大幅に値上げされることになる。大手生保が主力としている「定期付終身保険(定期保険特約付きの終身保険)」は、終身保険の部分が極めて小さいタイプが多く、全体としては金利の影響は限られている。

現在、生保各社の経営を苦しめているのは、予定利率が年五・五%以上の時に販売した個人年金や養老保険、終身保険である。

図表1-6　商品別の責任準備金イメージ

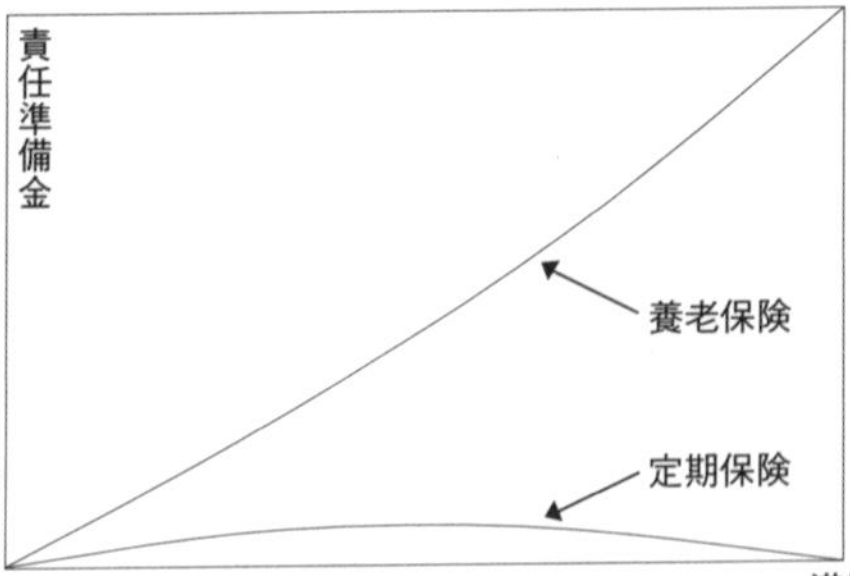

◆生保のリスク感覚

もちろん、生保の逆ざやは歴史的な低金利によるところが大きいのも事実である。将来、短期市場金利がゼロになるとは誰が予想できただろうか。このような超低金利は、日本はおろか世界的に見てもほとんど例がない異常事態だ。電力、鉄鋼、ゼネコンなど多額の負債を抱える会社は超低金利の恩恵に与ったが、生保や企業年金など資金運用で収益を上げるところは影響をまともに受けてきた。

それでは生命保険会社、あるいは生保を厳しくチェックしてきた監督当局に非がないかと言えば、そうではない。生保事業の抱えるリスクに鈍感だったのではないか。

同じ保険会社でも、生保は損保に比べリスクに対する感覚がかなり異なる感じがする。「入り口の生保、出口の損保」と言われるように、生保は入り口、つまり加入時の審査が厳しく、損保は出口、つまり保険金支払いの審査が厳しい。もっとも、和歌山をはじめ各地で頻発する保険金詐欺事件を見ると、生保の入り口の厳しさの程度がわかるというものだが……。

損害保険は「実損塡補」といって、保険金額を限度に実際の損害額を支払う。このため、損害査定が重要な意味を持つ。加えて、地震や台風のような巨大災害リスクも抱えている。一九九一年の台風一七号、一九号による被害で、損保各社が多額の保険料を支払ったことはまだ記憶に新しい。このため、損保は引き受けるリスクに対して敏感にならざるをえないのだ。リスク分散のための再保険という制度も普及している。

一方、生命保険は「定額保険」と言われ、契約時に保険金額が決まっている。一〇〇〇万円の死亡保険であれば、通常は被保険者の死亡時に一〇〇〇万円を支払う。人間の死亡率は急激に変化することはないので、将来支払う保険金を統計から予測し、備えておけばいい。

しかし、生保には損保のような巨大災害の危険はないが、顧客から預かった保険料を長期にわたり運用する義務がある。資産運用では期

再保険　保険契約のリスクを分散するため、引き受けた保険契約の一部（あるいは全部）をほかの保険会社に移すしくみで、いわば「保険の保険」である。会社の引き受けた危険負担を分散することで、経営の安定を確保する。海外には再保険を専門に行っている保険会社も多い。地震や台風などの自然災害リスクを抱える損保では広く普及しているが、生保では高額契約など一部に限られている。なお、移転した保険契約から将来発生することが見込まれる収益を、あらかじめ手数料として受け取る再保険契約を「財務再保険」と言い、一部の生保で活用されている。受け取った手数料は将来にわたり返済していくが、破産などが発生した場合には返済義務がないため、劣後ローンと同様の効果がある。

間が長くなればなるほどリスクが大きくなる。一年後のことはある程度予想できたとしても、一〇年後のこととなるとほとんど不可能であろう。ここに落とし穴があったのだ。

◆ALMの欠如

顧客から預かった保険料を長期にわたり運用し、死亡時や満期時に保険金を支払うのが生命保険の基本的なしくみだ。このためには、将来支払う保険金（＝負債）と有価証券や貸付金など運用資産の両方をうまくコントロールすること、つまりALM（資産と負債の総合管理）が不可欠だ。なぜなら、将来、保険金を支払えるだけの資産がなければ大変なことになるからだ。

しかし、かつての生保の経営には、資産と負債の両方をコントロールするという考えはなかったようだ。生保は一九八〇年代に入り予定利率を数回引き上げ（保険料は値下げ）ている。八〇年代は公定歩合が史上最低（当時）の二・五％まで下がるなど金融緩和が進み、長期金利の低下傾向も続いていた。常識的には予定利率を下げるべきところだが、なぜ逆に利率を上げたのだろうか。

まず、郵便局の簡易保険との競合がある。簡保が先に予定利率を引き上げたため、対抗上、生保も利率を引き上げざるをえなかったとい

簡易保険（簡易生命保険、簡保）　国（郵政省）が経営する生命保険で、郵便、郵便貯金と並ぶ郵政３事業の一つ。社会保障制度が未発達であった1916年（大正５年）に、民間生保に加入できない低所得者に対して小口の保険を提供するため創設された。現在も保険金額は1,000万円までに限定されているが、加入時の診査は不要で、全国の郵便局で加入できる。簡保は民間生保の補完という位置づけだが、99年３月期の保有契約件数は約8,200万件、運用資産は110兆円と生命保険事業としては世界最大級になっている。郵政３事業は日本版ビッグバン構想に含まれていない。行政改革の一環として省庁の再編とともに郵貯と簡保の民営化が議論されたが、97年12月の行政改革会議の最終報告では結局見送られた。

う話だ。ただ、簡保との競争はあっただろうが、特に大手生保と簡保の顧客層はかなり違う。

政府の審議会をはじめ、各方面からの利率引き上げ圧力もすごかったそうである。株式含み益の拡大を背景に、マスコミは「生保儲けすぎ」と合唱した。監督当局も利率引き上げに積極的だったようだ。しかも、生保は販売部門が力を持っている会社が多く、内部からのプレッシャーも相当あったらしい。

だが、別の見方もできる。生命保険の世帯普及率が天井を打つなかで、生保の基本戦略は死亡保障の大型化にあった。利率の引き上げは簡保との対抗上や各方面からの圧力もあるが、本当のところでは、保障の大型化を進めることが眼目だったのではなかろうか。日本の生命保険は死亡保障が大きくなればなるほど収益性が高まる。将来、逆ざやが発生するリスクを軽視し、目先の利益を追ったのである。

規模の拡大が第一という生保の経営風土も一因であろう。八〇年代後半は、生保の貯蓄性商品に注目が集まった。日産生命ほど極端ではないにしても、個人年金や一時払い養老保険を積極的に販売すれば総資産は急激に増える。特に、現在逆ざやで苦しんでいる中堅生保にはこの傾向が著しかった。

◆株式含み益が生保を誤らせた

生保が逆ざやリスクに対しおおらかでいられた背景には、莫大な株式含み益の存在がある。株価が右肩上がりに上昇していくなかで、生保の含み益もどんどん拡大した。

近年は徐々に改善しつつあるが、生保各社の自己資本は総資産に比べ極めて小さい。九九年三月期のデータでは、日本生命で二・三%、第一生命で二・〇%という「過小資本」の状態だ。協栄生命や日本団体生命など株式会社形態の生保でも同じような状況である。これを補っていたのが株式含み益だ。何か生じた場合には、株式を売却し含み益を実現化すれば十分対応できると考えられていた。

例えば、八〇年代半ば以降、各社とも外債投資（主に米国債）に積極的に取り組んだが、その後の急激な円高で巨額の為替差損が発生した。八六年三月期から八九年三月期の三年間に生保が計上した為替差損は、四兆五〇〇〇億円に達するという推計もある。この為替差損を穴埋めするために、株式含み益が使われた。

自己資本の増強よりも配当還元を求めた大蔵省のスタンスも見逃せない。そもそも予定利率や契約者配当は大蔵省の厳しい監督下にあり、各社が勝手な政策をとれなかったという事情もある。大蔵省は株式会社に対しても相互会社的な経営を求め、契約者への配当を優先させた。しかも、当時の配当水準は業界横並びだ。収益力の低い生保では、結果として株式含み益を使っての配当もあっただろう。

しかし九〇年代に入り、株式含み益は急速に細っていく。バブル崩壊後の株価急落が最大の理由だが、無論それだけではない。多額の不良債権や為替差損の発生、無理な配当横並び政策、さらに近年は逆ざやの穴埋めと、様々な理由で含み益を使ってきたことも大きい。自己資本の代わりとなるどころか含み損を抱える会社が増え、株価の変動が経営に深刻なダメージを与える構造になってしまった。

契約者への配当　同じ「配当」ということばを使っているが、株主への配当とは全く意味が違う。株主配当が利益の配分なのに対し、契約者への配当（相互会社では「社員配当」と言う）は保険料の払い戻しという性格を持つ。保険料は一定の見込みに基づいて保守的に計算されているため、事後の清算が必要なのである。近年は五年ごと利差配当保険（利差配当のみ）や無配当保険（配当がない）が各社の販売の主力だが、かつては有配当保険が中心だった。有配当保険の配当には、死差配当（予定死亡率と実際の死亡率の差により生じる損益がベース）、費差配当（予定事業費と実際の事業費の差により生じる損益がベース）、利差配当（予定利率と実際の運用利回りの差により生じる損益がベース）、特別配当（資産売却益がベース）がある。もっとも、ここ数年は逆ざやで利差配当がマイナスとなり、有配当契約でも配当が支払われない契約も多い。

◆大手、中堅生保の逆ざやの現状

ところで、これまで何回も「逆ざや」という言葉を使ってきたが、実は決まった計算式があるわけではない。平均予定利率と資産運用利回りを比べるのは確かだが、例えば資産運用利回りといっても、いろいろな利回りがある。各社が「逆ざや額」としてマスコミに公表している数字では、多くの場合、配当基準利回りというものが使われている。この利回りは各社が政策的に決めるもので、必ずしも運用実績に基づくものではない。一般に逆ざやといった場合には、利息配当金収入を分子にした利回り（つまりインカム利回り）を使うことが多い。

蛇足だが、現在各社がディスクロージャー資料に掲載している運用利回りは「B利回り」と呼ばれるもので、資産運用収益から資産運用費用を引いたものを分子にしている。これだと株式売却益を多く計上した会社や、原価法を採用し、株式評価損を計上しなかった会社の利回りが高くなりがちで、資産運用の巧拙を全く反映していない。

逆ざやは生保の経営に深刻な影響を及ぼしている。だが、その深刻さはどの程度なのか。

銀行のように利ざや（預金金利と貸付金利の差）が収益の源泉であれば、大半の生保はとっくに破綻しているだろう。あとは資産を食い潰していくしかないからだ。ところが、生保の収益は利ざやだけではない。

生保の保険料は、基礎率（予定死亡率、予定利率、予定事業費率）をもとに計算されている。基礎率は余裕を持って設定されており、実際の死亡率が予定死亡率を下回ったり、実際の事業費が予定事業費を下回るようにできている（実際事業費が予定事業費を上回る会社もある）。これらが生保の収益の源なのだ。ただ、予定利率については、余裕を持って設定されなかったが故に、逆ざやという事態を招いてしまっている。

経済誌の生保特集などで「死差益、費差益」とか「三利源損益」という言葉を目にすることがある。これは生保の剰余金をその発生源別に分けたものだ。実際死亡率と予定死亡率の差を「死差損益」、実際事業費と予定事業費の差を「費差損益」、そして予定利率と実際の運用利回りの差を「利差損益」と言う。ディスクロージャー資料では見えないが、現在の生保は、このうち利差損益の大幅赤字に苦しんでいるというわけだ。

個人年金など貯蓄性の強い保険を中心に販売してきた会社のなかには、ここ数年は利差損を死差益と費差益でカバーできず、資産売却益に頼った決算となっているところもある。しかし、それはむしろ例外で、多くの会社では現在までのところ、死差損益と費差損益で逆ざやを吸収できているようだ。もちろん、かつてに比べ配当の水準は大幅に切り下がっている。

◇事態は深刻さを増している

現在のところ、多くの会社では逆ざやをその他の差益でカバーしており、資産含み益や内部留保を食い潰して生き延びている状況ではない。しかし、将来を考えた場合、事態は深刻さを増している。

今のような歴史的な低金利が続く限り、逆ざやは何年経っても解消しない。太陽生命保険のように五年から一〇年程度で満期となる保険を主力としている会社ならば、保有契約が予定利率の低いものに入れ替わるのが早い。しかし、通常は主力商品の保険期間が極めて長い。新規契約の拡大が期待できないなかで、多くの会社では平均利率の低下は極めて緩慢にならざるをえない。他方、資産運用利回りは、現在のゼロ金利政策を反映して引き続き低下する。過去に購入した高利率の債券は次々に償還となるが、その資金をどこに再投資すればいいのか。解約に配慮して、換金性にも十分配慮しておく必要がある。各社の体力を考えると、株式や為替など大きな市場リスクをとるわけにもいかない。そして、ゼロ金利政策がいつまで続くのかは誰にもわからない。

逆ざやをカバーしてきた差益の方も心もとない。ここにきて個人保険と個人年金の保有契約減少が各社の収益を圧迫し始めていることがはっきりしてきた。生保に対する不信感や不安感は根強く、現在も保有契約高の減少が続いている。人員削減などのリストラもようやく本格化しているが、差益縮小に追いついていない場合も多い。しかも、日本生命の「保険口座」、住友生命の「キャッシュバック」などのように価格面をアピールした商品、サービス戦略が見られるようになってきた。これも、各社の狙い通りに販売数量が伸びなければ、差益のさらなる縮小につながりかねない。

逆ざやをカバーできなくなれば、あとは資産含み益や内部留保を食い潰すしか道はない。

また、やや角度を変えて見てみると、大半の生保は負債が資産を上回る「債務超過」状態ではないかという話がある。といっても、日産生命や東邦生命のように多額の債務超過を抱え経営破綻するということではない。

世界的な時価評価の流れのなかで、日本の会計制度も時価会計が段階的に導入される。ここで問題となるのが生保の負債の評価である。資産については、技術的な問題が残っているにしても、時価評価は比較的容易だろう。しかし、負債の時価評価はそう簡単ではない。ここでも生保事業の長期性が影響してくるのだが、市場金利がここまで下がってくると、時価ベースでは「債務超過」状態ということにもなりかねないのだ。

現在、生保のバランスシート上の負債の大半を占める責任準備金は、契約時点での予定利率で評価されている（ロックイン方式と言う）。例えば、予定利率が五・五％の契約ならば、将来にわたり五・五％の利息を得ることが予定されている。ところが、予定されている利息が得られていない（すなわち逆ざやの状態）ということは、責任準備金が足りないのと同じである。負債を時価評価するならば、将来積み立てる責任準備金を現在の金利水準で計算しなければならない（ロックフリー方式と言う）。長期金利が二％ならば、本来は毎年二％で運用していくものとして責任準備金を計算しなければならないのだ。もしも、現時点でロックイン方式からロックフリー方式に移行した場合、間違いなく巨額の積み増しが求められる。

もちろん、現在の超低金利が将来にわたり続くという前提はあまり現実的ではない。保険契約の継続率をどう見るかによっても、評価はかなり左右されるだろう。ただ、金融・証券市場の参加者の一部は、生保をこのような視点から見ているのも事実である。

◇会社がとれる手段は限られる

過去の高い予定利率の契約をとってしまっている以上、逆ざやを解消するために会社がとれる手段は限られている。別の保険に契約転換してもらったり、解約を促したりすれば予定利率は下がる。実際に経営政策の一環として転換を勧めてきた会社もあるようだ。だが、生保不信が広がっているなかで、もはや積極的に勧めるわけにはいかないだろう。

もちろん、資産運用利回りを少しでも高める努力も必要だ。ただ、過度のリスクをとるわけにはいかない。九九年三月期には急激な円高により多額の為替差損を抱えてしまった会社もあった。

会社ができることは、逆風下ではあるが魅力ある商品やサービスを提供し、新規の契約をできる限り増やす、あるいはコスト削減を徹底的に進める、などしかない。例えば千代田生命は、従来までのフルライン戦略をやめ、医療保障を付加した個人保険に経営資源を特化するという、これまでにないリストラ策を打ち出した。

最後の手段として、予定利率を既契約にさかのぼって引き下げるというアイデアがある。既契約の予定利率の変更は、現在のところ経営破綻した生保にしか適応されない。これを、例えばソルベンシー・マージン比率が一定水準を下回った場合、既契約の予定利率を引き下げることができるようにする、というものだ。その会社が破綻してしまった場合に比べ、責任準備金が減額されない分だけ顧客のメリットは大きい。ただ、一度約束していた契約を会社の都合で一方的に変更するのはよほど理由がないと難しい。解約が殺到し、結局、破綻してしまう可能性も否定できないところであり、工夫が必要だ。

大蔵省は倒産法制の見直しのなかで、損失額が拡大しないうちに会社更生法を適用し、予定利率を引き下げられるようにする。この場合、どのような状態になれば更生法適用を申請する（させる）かという申し立て基準のあり方が最大のポイントとなる。損失額の拡大を避けるためには、当然、現行の早期是正措置よりも厳しくせざるをえないだろう。

ソルベンシー・マージン基準（比率）　生保は将来の保険金などの支払いに備えて責任準備金を積み立てているが、通常の予測を超えて発生するリスクにも備えておく必要がある。これを支払い余力（ソルベンシー・マージン）と言う。ソルベンシー・マージン比率は、保険会社がそのような支払い余力を有しているかを判断するための行政監督上の指標の一つである。200%以上であることが健全性についての一つの基準とされている。（第2章2「生保格付けの現状」参照）

第2章

生保格付けの現状とディスクロージャー

1　生保のB／S、P／Lのしくみ

◇負債の大半は責任準備金

ここで、生保の貸借対照表（バランスシート）と損益計算書を簡単に紹介しておきたい。事業会社の財務諸表を見慣れた人でも、保険会社の決算には面食らうようだ。それでも、おおよそのしくみをつかんでおくだけで、かなり理解が進むはずだ。

まずはバランスシートから見てみよう。資産、負債、資本の状況がそれぞれ示されている。まず目を引くのは、負債の大半を「責任準備金」という項目が占めていることだろう。大ざっぱに言えば、契約者から受け取った保険料のうち、将来の保険金支払いに備えてとっておく積立金が、負債の部の責任準備金だ。

責任準備金に関し、新聞や雑誌などで「純保険料式」「チルメル式」という言葉を目にすることもあるが、これは責任準備金の積み立て方式の違いである。「チルメル式だから不安」などと言われることもあるが、そのようなことはない。ただ、純保険料式からチルメル式への変更などがあれば要注意である。

この責任準備金は有価証券や貸付金、不動産などの資産で運用されている。第1章で述べた通り、顧客に保障している予定利率に対し、超低金利の影響で資産運用利回りが下回っている状態が「逆ざや」だ。事業会社のバランスシートのように流動資産、固定資産の区分がないのは銀行と同じだが、銀行に

図表２－１　日本生命の貸借対照表（簡略版）

（単位：百万円）

	平成８年度末	平成９年度末	平成10年度末
（資産の部）			
現金及び預貯金	1,115,007	1,127,248	971,789
コールローン	862,225	941,800	568,900
買入金銭債権	6,860	6,800	274,287
商品有価証券	10,428	9,925	14,920
金銭の信託	541,863	487,825	412,187
有価証券	20,434,842	21,903,419	22,894,095
貸付金	14,298,055	14,701,104	14,032,014
不動産及び動産	2,056,790	2,278,555	2,254,003
再保険貸	784	430	918
その他資産	699,652	743,164	786,225
繰延税金資産	－	－	465,422
支払承諾見返	11,777	9,403	7,553
資産の部合計	40,038,277	42,209,679	42,682,318
（負債の部）			
保険契約準備金	38,161,302	39,401,397	39,783,088
支払備金	195,764	206,566	213,025
責任準備金	36,196,630	37,428,072	37,873,703
社員配当準備金	1,768,906	1,766,758	1,706,359
再保険借	464	450	612
その他負債	841,361	1,559,473	1,286,403
貸倒引当金	111,019	164,898	287,335
退職給与・年金引当金	230,158	232,084	240,993
価格変動準備金	83,824	98,260	98,260
支払承諾	11,777	9,403	7,553
負債の部合計	39,440,112	41,466,205	41,714,247
（資本の部）			
基金	149,000	299,000	299,000
法定準備金	1,652	2,608	3,395
うち基金償却積立金	1,000	1,000	1,000
剰余金	447,512	441,865	665,675
任意積立金	129,372	179,822	230,462
うち基金償却準備金	－	50,000	100,000
当期未処分剰余金	318,139	262,042	435,213
資本の部合計	598,165	743,473	968,071
負債及び資本の部合計	40,038,277	42,209,679	42,682,318

（出所）「日本生命の現状1999」

比べ公社債など有価証券のウエートが高く、貸付金の割合は小さい。有価証券の含み損益にしばしば注目が集まるが、バランスシートに載っている価格に比べて実際の時価が高ければ含み益がある状態ということだ。数字を確かめるには、「有価証券の時価情報」という別の資料を見る。

資本の部を見ると、大手生保など相互会社の場合、株式会社の資本金にあたるのが「基金」または「基金償却積立金」という項目である。外部から調達し、返済していない状態が「基金」で、返済が完了した状態が「基金償却積立金」と考えればいいだろう。また、負債の部に示されている「価格変動準備金」「危険準備金」などは、資本に近いものと考えていい。

◇保険収益と資産運用収益が混在

一方、損益計算書はややわかりにくい。用語のなじみにくさもあるが、保険関係と資産運用の損益が混在しているのが第一の理由だろう。

構造をつかむには、保険関係では「責任準備金繰入額（または戻入額）」という項目に注目したい。保険会社は契

純保険料式、チルメル式　責任準備金は将来の保険金などの支払いに備えて積み立てておく準備金だが、代表的な積み立て方式に「純保険料式」と「チルメル式」がある。保険料の一定割合は、保険会社の経費に充てられる部分（付加保険料）となっている。だが、実際には契約初年度に営業職員への報酬や医師への診査手数料、保険証券の作成費用など多額の経費がかかり、付加保険料を超えることが多い。このようなコスト構造を反映したのがチルメル式だ。初年度は責任準備金の積み立てよりも事業費を優先し、２年目以降に責任準備金を多く積んでいく。他方、純保険料式は初年度から経費が毎年一定と想定して準備金を積んでいく方式である。

どちらの積み立て方式でも責任準備金は最終的に一致するが、それまでは純保険料式の方がチルメル式よりも責任準備金は多くなる。95年３月期には、責任準備金の積み方を純保険料式からチルメル式に変更し、決算を取りつくろった会社が続出したと言われる。

約者から保険料を受け取り（＝保険料等収入）、責任準備金として積み立てておく（＝責任準備金繰入額）。同じ年に死亡事故などが起きれば、会社はあらかじめ備えとして積み立てていた責任準備金を取り崩し（＝責任準備金戻入額）、契約者に保険金を支払う（＝保険金等支払金）。これが要点だ。注意しなければならないのは、責任準備金の繰り入れと取り崩しが「責任準備金繰入額」としてネットで表示されている点である。つまり、繰入額と取崩額の差額が載っているのだ。たまたまその年に保険金支払いが多く、取り崩しが繰り入れを上回ると「責任準備金戻入額」として表示される。なお、「事業費」は事業会社の販売費及び一般管理費にあたる。

資産運用関係では、経常項目の「資産運用収益」と「資産運用費用」のほかに、特別利益や特別損失にも注意すべきである。例えば、「保険業法第一一二条評価益」というのは、一言で言えば株式の益出しだ。「資産運用収益」のなかの株式売却益と経済効果は同じである。近年、各社とも不良債権の処理を進めており、「資産運用費用」のなかの「貸倒引当金繰入額」が膨らんでいるが、特別損失の「不動産動産等処分損」にも不良債権の処理が含まれていることが多い。いろいろ問題はあるが、少なくとも「資

価格変動準備金、危険準備金　価格変動準備金は株式などの価格変動で起こる損失に備えた準備金で、資産ごとに積み立て基準が決められている。危険準備金は大地震などの異常災害で起こる死亡の急増に備えた準備金である。どちらも負債の部に計上してあるが、性格は資本に近い。ソルベンシー・マージン比率を計算する際も、ともにソルベンシー・マージン相当額としてカウントする。

保険業法第112条評価益　通常の会社では考えられないが、保険業法では取引所の相場のある株式の時価が簿価を超える場合、行政当局の認可を受けて評価益を計上することができる。計上した評価益は責任準備金などに積み立てなければならないが、経済的には保有株式をいったん売却し、すぐに買い戻す取引（いわゆるクロス取引）と同じ効果がある。

図表2-2　日本生命の損益計算書（簡略版）

（単位：百万円）

	平成8年度	平成9年度	平成10年度
経常収益	8,174,605	8,763,148	8,257,600
うち保険料等収入	5,894,834	6,275,565	5,822,503
資産運用収益	1,788,256	1,928,405	1,867,206
その他経常収益	491,514	559,177	567,889
経常費用	7,683,040	8,538,546	8,058,527
うち保険金等支払金	5,106,431	4,953,512	5,273,155
責任準備金等繰入額	662,446	1,305,450	513,648
資産運用費用	724,729	1,136,060	1,166,891
事業費	819,514	758,284	689,399
その他経常費用	369,919	385,237	415,432
経常利益	491,564	224,802	199,072
特別利益	17,068	202,505	6,679
うち不動産動産等処分益	11,714	5,987	6,543
保険業法第112条評価益	—	196,500	—
特別損失	111,660	65,639	183,765
うち不動産動産等処分損	85,588	30,563	33,669
価格変動準備金繰入額	20,000	14,436	—
不動産圧縮損	3,706	2,692	4,523
その他特別損失	—	15,888	143,752
税引前当期剰余	396,972	361,487	21,986
法人税及び住民税	81,693	101,435	54,016
法人税等調整額	—	—	△120,484
当期剰余	315,279	260,032	88,455
前記繰越剰余金	—	—	344,938
社会厚生福祉事業助成資金取崩額	2,160	2,010	1,820
退職手当積立金取崩額	700	—	—
当期末処分剰余金	318,139	262,042	435,213

（出所）「日本生命の現状1999」

産運用収益」のなかの「利息及び配当金等収入」だけでも押さえておきたい。

後述するが、損益計算書を眺めても各社の収益力はまずわからないだろう。一定の仮定でも置かなければ、逆ざやがどのくらいあるのかをつかむことはできないし、保険関係で黒字なのか、それとも資産含み益に頼った決算なのかも容易には把握できないのが現状だ。

2　生保格付けの現状

◆低下する信用力

一九九〇年代、日本の金融機関の格付けはほとんど下がる一方だった。八〇年代後半の大手銀行は資産規模で世界の上位を独占していた。低い収益力や不十分な自己資本という弱点を抱えていたものの、格付けは軒並みAAAだった。だが、バブル崩壊後に銀行の財務内容は急速に悪化した。とりわけ、不良債権問題の拡大とその抜本的な処理の遅れから、信用力はどんどん低下、ついには金融システム不安を招き、大手銀行に多額の公的資金が投入される事態にまで追い込まれた。

生保も同じである。八〇年代後半、総資産は毎年二割程度も増えていった。同時に、それまでの貸付金中心の運用から株式や外国証券などの有価証券中心へとシフトした。「ザ・セイホ」と呼ばれ、生保マネーが世界を駆けめぐったのがこの頃である。大手生保の格付けも極めて高かった。しかし、この時期に予定利率の高い契約を大量に抱え、これを賄うためにハイリスク・ハイリターンの運用に傾斜したことが、バブル崩壊後の苦境を招いたのである。

図表 2－3　生保22社の格付け一覧

（2000年 2 月29日現在）

会　社　名	格付け	会　社　名	格付け
日　本	AA op	千代田	B+
第　一	A+ op	日本団体	(BBB)
住　友	A	第　百	CCC+ op
明　治	A op	東　京	BB
朝　日	BBB+	平　和	(BBB)
三　井	BBB+	大　和	BB+ op
安　田	A+	大　正	B op
太　陽	A	ソニー	AA−
大　同	AA− op	セゾン	BBB+
協　栄	B+	オリックス	A
富　国	A+	東京海上あんしん	AAA

（注）　op 格付けは依頼に基づかない格付け。（　）はレーティングモニターで、臨時見直し中

保険金支払い能力の定義

AAA	保険金支払い能力は最も高く、多くの優れた要素がある
AA	保険金支払い能力は極めて高く、優れた要素がある
A	保険金支払い能力は高く、部分的に優れた要素がある
BBB	保険金支払い能力は十分であるが、将来環境が大きく変化した場合、注意すべき要素がある
BB	保険金支払い能力は当面問題ないが、将来環境が変化した場合、十分注意すべき要素がある
B	保険金支払い能力に問題があり、絶えず注意すべき要素がある
CCC	保険金支払い不能の可能性が大きく、将来の支払いに懸念を抱かせる要素がある
CC	保険金支払い不能の可能性が極めて大きく、将来の支払いに強い懸念を抱かせる要素がある
C	最低位の格付けで、保険金支払い不能に陥っているか、またはその懸念が極めて強い

（注）　AA 格から CCC 格までについては、上位格に近いものにプラス（+）、下位格に近いものにマイナス（−）の表示をすることがある

銀行の信用力の低下は、不良債権問題に尽きると言ってもいいだろう。だが、生保の場合、むしろ不良債権問題は結果であって、その処理が進んでも根本的な問題、すなわち「逆ざや」は解決しないのだ。生保にとって厳しかったのは、株価下落だけではなく、銀行救済の目的もあって市場金利が下がり続けたことだ。翌日物金利が実質ゼロ、一〇年物国債利回りが一％前後という世界をいったい誰が予想できただろうか。とはいえ、たとえ自助努力の範囲を超えていると嘆いてみても、超低金利は各社の信用力を確実にむしばんでいる。

日本格付投資情報センター（Ｒ＆Ｉ）では生保の信用力を随時ウォッチしているが、九九年九月には、生保各社の信用力が中期的に見て低下していると判断し、複数の会社の格付けを変更した。比較的信用力の高い会社でも経営環境の悪化が中期的に信用力を圧迫していると判断し、一部の会社を除き格付けを変更した。他方、従来から支払い余力や収益力が見劣りする会社ほど信用力の下方圧力を強く受けており、格付けは総じて厳しくならざるをえない。その後株価はかなり回復したが、信用力の低下を若干下支えしているにすぎない。

以下では、Ｒ＆Ｉが見た生保格付けの現状について解説したい。

◆市場の縮小

現在、生保の信用力を圧迫している要因を整理すると、次の五つに集約される。

①市場の縮小と競争激化
②収益力の悪化
③支払い余力への下方圧力

図表２－４　個人保険保有契約高の動向（前期比伸び率）

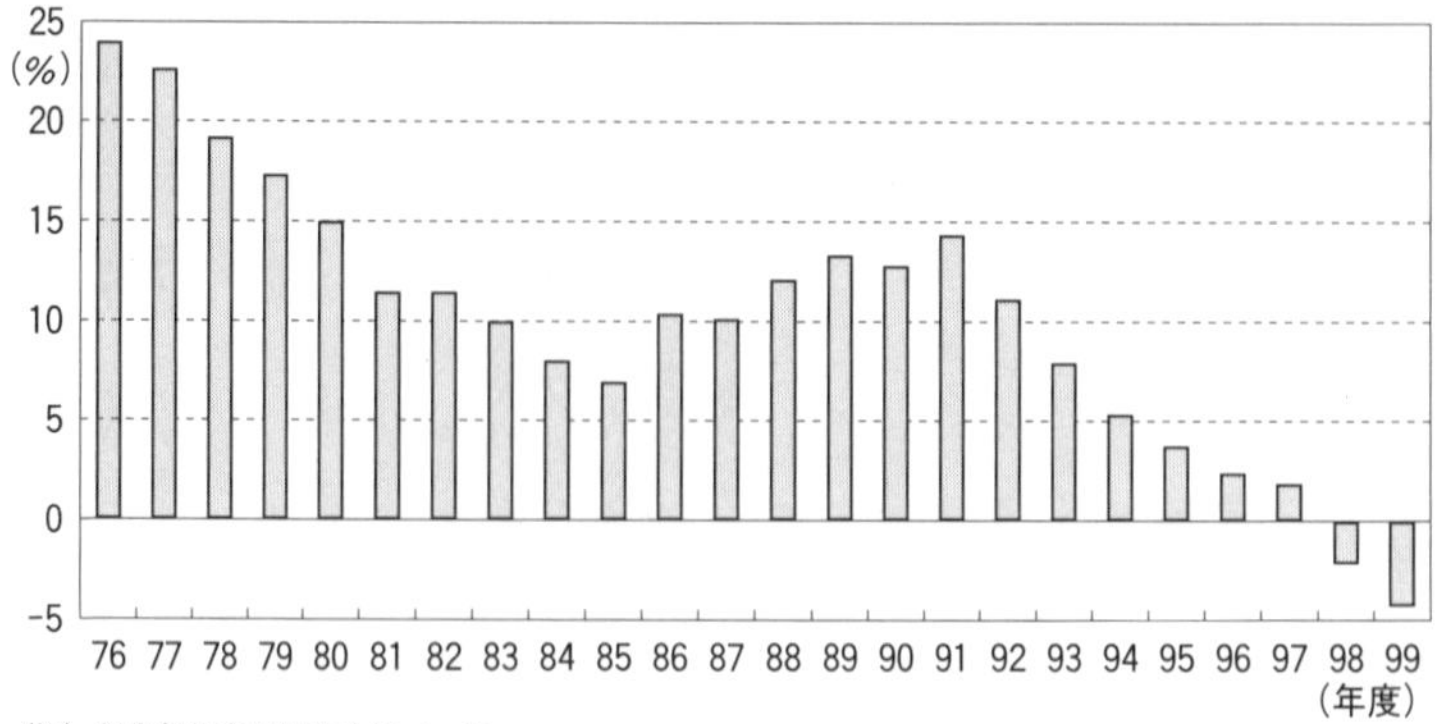

（注）保有契約高は保険金額ベース

④保有資産の運用リスクの問題
⑤監督当局のスタンスの変化

まずは、①の市場の縮小と競合激化である。

日本の生保市場の中心を担っているのは定期保険や終身保険に代表される死亡保障マーケットだが、ここにきて縮小傾向が鮮明になっている。新規契約の減少ばかりではなく、近年は解約などの影響で保有契約もマイナスが続いている。

もちろん、現在の販売不振は景気低迷の長期化が関係していることは間違いない。最近は景気にやや明るさが見え始めているとはいえ、顧客の懐が暖かくなる兆しはなく、財布のひもはなかなかゆるみそうにない。

だが、契約減少は景気動向といった循環的な要因だけではなく、もっと構造的な理由がありそうだ。いわゆる「生保離れ」である。

生保の経営破綻が続くなかで、保険会社を選別する動きが定着している。いったん揺らいだ信用を回復するのは並大抵ではない。格付けが下がり、不安に感じた契約者が逃げ出し、さらに信用力が低下する、といった悪循環もある。

経営内容に対する不安感もさることながら、大手、中堅生保への不信感もかつてないほど高まっている。新聞で話題になったような契約転換に関するトラブルはいたるところで聞かれる話だ。大手生保が主力としている定期付終身保険の更新型契約（更新時に保険料が跳ね上がる）や、医療関係特約の一括納入（保険料払い込み満了時に多額の支払いが必要となる）などは、契約者はその時になって初めて気がつくことが多く、「知らなかった」「生保にだまされた」ということになる。やはり、これまで生保を支えてきた、セールスレディーによるGNP（義理、人情、プレゼント）営業が限界にきているのだろう。和歌山や埼玉などの保険金詐欺事件も生保への不信感増大に一役買った。

さらに、死亡保障市場の成熟化という、中長期的な流れも無視できなくなってきた。生命保険の世帯加入率は二〇年前から九割を超える水準にあるが、少子化や高齢化、個計化が進むにつれて、顧客のニーズは大型の死亡保障から医療や年金などの生存保障へと変わりつつある。

◆後発生保の追い上げと価格競争

パイが縮小するなかで、競争条件は一段と厳しくなっている。外資系や異業種系など後発生保の存在感は年々高まり、価格競争も始まった。

九九年三月期は個人保険の保有契約純増高（保有契約の増加額）を見ると、ソニー生命保険、プルデンシャル生命保険、東京海上あんしん生命保険と外資系、異業種系生保が上位を独占している。他方、大手、中堅生保は富国以外すべて純減だ。ソニー、プルデンシャル、アリコジャパンの三社は保有契約高がすでに中堅生保並みに成長している。GEエジソン生命保険やマニュライフ・センチュリー生命保険のように中堅生保から販売組織を譲り受け、参入当初からかなりの規模の販売組織を抱える会社も出

図表２－５　保有契約純増高(99年３月期)

（単位：億円、▲はマイナス）

会社名	個人保険＋個人年金	会社名	個人保険＋個人年金
ソニー	30,150	ニコス	746
GEエジソン	21,160	チューリッヒ	412
プルデンシャル	17,098	スカンディア	368
東京海上あんしん	14,730	太陽	30
アリコジャパン	11,926	大正	▲154
アイ・エヌ・エイひまわり	8,012	大同	▲541
住友ゆうゆう	5,051	平和	▲959
三井みらい	4,757	セゾン	▲1,264
オリックス	4,251	大和	▲1,424
大東京しあわせ	3,734	東京	▲5,293
日動	2,638	日本団体	▲7,306
アイエヌジー	2,972	あおば	▲9,766
千代田火災エビス	2,821	第百	▲19,886
日本火災パートナー	2,674	協栄	▲24,659
富士	2,451	安田	▲30,060
アクサ	2,333	千代田	▲35,480
興亜火災まごころ	2,328	三井	▲44,268
富国	2,324	朝日	▲58,134
同和	1,945	明治	▲69,987
アメリカンファミリー	1,801	第一	▲81,561
共栄火災しんらい	1,450	住友	▲87,667
オリコ	952	日本	▲180,325

（出所）　各社公表データ

現している。

九六年十月から生損保の相互乗り入れが始まり、会社の数が一気に一一社も増えた。募集代理店による生損保の併売が期待通りには進んでいないようで、損保系生保は一部を除き存在感を出せていない。だが、既存の販売組織を活用できるという点で潜在的な影響力は小さくない。

価格競争についても見逃せない。オリックス生命保険の「オリックスダイレクト」のように営業職員や代理店を通さず、電話やインターネットによる販売で低価格を実現した商品が販売されるようになった。東邦生命の「ペガサス」（現在はGEエジソン生命で販売）、第百生命の「すいません」（現在はマニュライフ・センチュリー生命で販売）などリスクの低い人には保険料が安くなるリスク細分型商品も相次ぎ開発されている。東京海上あんしん生命の「長割り終身」は、解約時に支払われる返戻金を低く抑え、その分保険料を割安にした商品だ。こちらも他の損保系生保から追随商品が登場している。

九九年四月からは、大手生保も価格競争に突入した。予定利率の引き下げによる値上げ分を、高額割引などでカバーする作戦だ。三年前に損保系生保から大手、中堅生保に広がった「五年ごと利差配当付き」商品でも保険料の割安感をアピールしたが、こちらは費差配当や死差配当をしない分に見合うだけ保険料を安くした商品だった。だが、今回の「ニッセイ保険口座」や「スミセイ　キャッシュバックシステム」などは、基本的に自らの取り分を削っての値下げである。思惑通りに契約件数が伸びなければ、会社の収益を圧迫することになりかねない。

◆逆ざやと契約減少のダブルパンチ

②の収益力の悪化については第1章で詳しく述べた。従来から構造的な問題として過去のALMの失敗による逆ざやを問題視してきたが、九九年二月からのゼロ金利政策で、資産運用は一層難しくな

リスク細分型商品　保険料を計算する際の基準を細かく分け、「たばこを吸わない人」「健康な人」などリスクが小さい契約者の保険料を割り引いた商品。東邦生命が97年に発売した「健康体保険ペガサス」（現在はGEエジソン生命で販売）を皮切りに、各社で開発が続いている。損保でも「アメリカンホーム・ダイレクト」などリスク細分型の自動車保険が増えている。

五年ごと利差配当付き保険　従来の有配当商品とは異なり、利差配当（予定利率と実際の運用利回りの差により生じる損益がベース）だけが5年ごとに支払われる商品。有配当保険よりも保険料は安いが、これは死差配当や費差配当がないためであり、割引しているのではない。

った。販売不振が続くなか、この超低金利政策が続く限り逆ざやの解消は全く期待できない。

しかも、ここにきて個人保険、個人年金の保有契約減少が明らかに各社の収益を圧迫し始めている。人件費削減などのリストラ努力も、逆ざや拡大や契約減に伴う収益低下を補えていない。四月からの価格競争が差益を一段と圧迫する可能性もある。これまで逆ざやをカバーしてきた差益の先細りは極めて懸念される事態だ。生保の場合、収益力が悪化するということは、負債である責任準備金の価値が下がるということ。その分だけ経営の健全性が損なわれたと言える。

各社ごとに見ると、資産売却益など臨時的な損益を除いた収益力は、かなりの格差が生じている。逆ざやだけ見ても同じことが言えるが、費差損益（想定していたコストと実際にかかったコストの差）や死差損益（想定していた死亡率と実際の死亡率の差）もばらつきが大きい。一般に費差損益は規模のメリットを受ける大手生保に有利で、中堅以下の生保では赤字のところもあるようだ。死差損益が赤字の会社は特殊な例を除きまず考えられないが、定期付終身保険を主力とする会社に比べ、個人年金など貯蓄性の高い保険の比率が高い会社の死差益は少なくなりがちだ。

なお、数年前から契約者への配当水準もばらついている。例えば、同じ条件の定期付終身保険でも、生保によって配当が異なるケースが実際に起きている。もっとも、逆ざやを抱える契約の場合には、その分のマイナスが費差配当や死差配当で埋められてしまう。このため、実際に配当を受け取ることのできる契約者はかなり少ないはずだ。

◆支払い余力の改善は道半ば

会社ごとの格差が大きいのは、③の支払い余力（ソルベンシー・マージン）についても同じである。

支払い余力とは、通常の予測を上回るリスクが発生した場合の備えで、広い意味での自己資本と言っていいだろう。保険会社は通常予測されるリスクに対しては、責任準備金を積み立てている。だが、経営の健全性を保つには、株価の急落や死亡率の急上昇など不測の事態に備え、支払い余力を充実させることが不可欠だ。

生保業界は社員自治を旨とする相互会社が主要な地位を占めてきた。例えば、大手七社はすべて相互会社である。相互会社では利益が出れば社員に返すのが経営の本筋だ。近年まで、各社は定款で剰余金の九割以上を社員配当に充てると定めていたし、実際には九九%近くを配当していた。株式会社形態の生保でも、監督当局は相互会社的な経営を求めていたようだ。不測の事態への備えには、株式含み益があった。

しかし、バブルが崩壊して株式含み益が急速に縮んでしまうと、自己資本の脆弱さが際立つこととなった。とりわけ、期末に株価急落と円高のダブルパンチを受けた九五年三月期決算では、含み益に余裕のない中堅生保を中心に、ただでさえ脆弱な自己資本をさらに取り崩した会社が続出した。業界全体で見れば、支払い余力が最も悪化した時期だった。この時のダメージを未だに取り返せない生保も多い。

九六年四月に施行された改正保険業法では、経営の健全性維持が主要テーマの一つとなり、その具体的な基準として「ソルベンシー・マージン基準」が導入された。支払い余力の充実は各社の重要な経営課題にもなっている。

ただし、見かけ上はともかく、支払い余力の改善が進んでいない会社も多い。逆ざやによる損失や不良債権処理など収益を圧迫する要因はあとを絶たず、思うように支払い余力の拡充に回せていないからだ。株式含み損の拡大や外債投資の失敗で、かえって支払い余力が悪化している会社もある。

◆劣後ローンは支払い余力か

「見かけ上」と書いたのは、公表されるソルベンシー・マージン比率（早期是正措置の発動基準でもある）をかさ上げすべく、様々な対策が実施されているからだ。保険業法のソルベンシー・マージンは、資本金（相互会社の場合は基金）のほかに、危険準備金や価格変動準備金といった負債に計上されているが資本性の強いもの、それに株式や不動産の含み益、劣後ローンなどが含まれている。例えば、外部から劣後ローンを取り入れれば、ソルベンシー・マージン比率を比較的容易に上げることができてしまう（第百生命が金融監督庁から指摘された実質的に担保付きのようなものは論外だが）。

近年目立つのは、他金融機関との間で資本や劣後ローンを相互に出し合うケースだ。生保同士でソルベンシー・マージンを相互にかさ上げするのは禁止されているが、銀行と生保、証券など業態を超えた持ち合いには制限がない。特に、九九年三月期は大手銀行や地域金融機関が実施した第三者割当増資では上位割当先に親密な生損保が並び、大手、中堅生保の多くが取り入れた劣後ローンは、やはり親密な金融機関から取り入れした模様である。二〇〇〇年三月期からは生損保での取り入れが禁じられたが、過去のものはおとがめなしとのこと。

だが、格付けの視点から見ると、このような相互かさ上げは二つの点で問題がある。まず、外部取り入れと同時に相手の信用リスクを抱えることだ。なかには信用力の低下した金融機関同士の相互かさ上げも見られたが、これは特に問題が

劣後ローン　破産などが発生した場合に元利金の返済がほかの一般債権者よりも劣後する貸付金。返済順位が低いという性格から、銀行の自己資本比率規制や保険会社のソルベンシー・マージン基準で一定額の参入が認められている。生保はソルベンシー・マージン対策として外部から劣後ローンを取り入れるとともに、銀行などに多額の劣後ローンを実行している。

図表2-6　資本の相互持ち合い

（単位：億円）

銀行・損保	形　態	金額	割当先上位の主な金融機関
東京三菱銀行	優先株式発行	2,442	東京海上、明治生命
さくら銀行	第三者割当	862	日本生命、三井生命、太陽生命、三井海上
富士銀行	第三者割当	2,169	安田生命、安田火災、第一生命、日本生命
東海銀行	第三者割当	1,219	日本生命、千代田火災
あさひ銀行	第三者割当	1,448	第一生命、安田生命、朝日生命
大和銀行	第三者割当	522	東京生命、野村証券、富士火災
興業銀行	第三者割当	670	第一生命
三井信託銀行	第三者割当	274	三井生命
第一火災海上保険	基金再募集	381	協栄生命
東京相和銀行	第三者割当	300	大正生命

生命保険	形　態	金額
第一生命	劣後ローン	1,001
	基金再募集	1,501
住友生命	永久劣後ローン	1,651
明治生命	基金再募集	601
朝日生命	永久劣後ローン	731
三井生命	劣後ローン	501
安田生命	劣後ローン	1,001
太陽生命	永久劣後ローン等	851
協栄生命	第三者割当増資	270
千代田生命	劣後ローン等	597
富国生命	永久劣後債	326
日本団体生命	第三者割当増資	205
東邦生命	劣後ローン	215
第百生命	劣後ローン	200
東京生命	永久劣後ローン等	141
大正生命	第三者割当増資	33

（注）　99年3月期の主な増資、劣後債務取り入れ

大きい（実際に損失が発生している事例もある）。

もう一つは、金融システム全体を脆弱にすることだ。現在のように金融システムがまだまだ万全とは言えない状況下では問題が大きい。そもそも、生保同士の相互持ち合いが禁じられているのは連鎖破綻を避けるためだが、相互持ち合いの結果、最悪の場合には一業態での混乱が他業態にまで波及する事態もありうる。

もっとも、それ以前の問題として、劣後ローンは保険契約よりも劣後しないという問題があった。現行の制度では、保険会社が経営破綻した場合には、受け皿会社（または生命保険契約者保護機構）に契約が移転する。保険業法の一三五条には「移転会社は移転対象契約者以外の当該移転会社の債権者の利益を保護するために必要と認められる財産を留保しなければならない」とある。これを素直に解釈すれば、保険契約者よりもそれ以外の債権者の地位が優先されるという話であり、劣後ローンの債権者も例外ではない。

もちろん、法律の解釈は必ずしも確定していなかったし、ローン契約の内容によっても状況は変わってくる。現実には、劣後ローンの出し手が一〇〇％保護されるとは考えにくい面もある（東邦生命の事例は公になっていない）。二〇〇〇年三月に保険業法が改正され、劣後ローンの劣後性がはっきりするが、それまでは自己資本としての評価はかなり割り引いて考えざるをえない。

◆依然として資産運用リスクは大きい

一方、生保の保有する資産に焦点をあててみると、ここにも様々な問題がある。

資産運用のリスクには、株価や為替相場など資産価格が変動する「市場リスク」、投資先が経営破綻

図表２－７　生保15社の保有資産構成(99年３月末、一般勘定)

(単位：%)

会社名	現預金コールローン	金銭の信託	公社債	株式	外国証券	貸付金	不動産	外貨建資産	(期末ヘッジ分)
日本	3.7	1.0	23.9	15.2	10.6	35.7	5.6	9.6	(0.1)
第一	6.2	0.6	26.3	16.7	9.7	29.1	6.6	7.6	(3.2)
住友	6.9	0.2	28.6	13.6	7.5	29.6	6.1	2.5	(2.0)
明治	7.2	1.1	23.1	18.2	4.2	37.0	6.0	3.6	(0.1)
朝日	10.0	0.9	18.7	16.5	5.9	37.3	4.9	5.5	(0.1)
三井	14.9	0.8	13.6	15.9	12.1	34.3	5.4	11.0	(10.7)
安田	4.3	6.5	14.0	12.3	14.9	37.9	5.0	12.2	(3.3)
太陽	5.1	1.6	32.6	8.0	8.0	36.8	3.5	4.6	(1.1)
大同	8.6	3.7	44.6	6.1	6.9	23.3	3.7	5.6	(0.5)
協栄	14.8	2.0	17.5	6.0	14.2	37.3	2.9	12.4	(11.0)
富国	7.8	4.6	24.4	10.6	6.7	33.7	3.6	3.7	(0.2)
千代田	8.5	0.5	7.1	18.7	11.3	41.2	7.7	9.1	(6.3)
日本団体	8.8	1.9	14.9	8.8	26.7	31.1	2.9	22.9	(5.6)
第百	8.9	4.3	9.5	17.4	15.4	31.7	6.9	11.6	(6.1)
東京	6.6	1.5	8.7	20.4	18.3	31.4	8.5	13.4	(1.7)

する「信用リスク」、さらに解約などで一度に大量の資金が必要となる「流動性リスク」がある(ほかにも決済リスクや事務リスク、法務リスクなどがある)。

九〇年代に入り、大手、中堅生保は公社債や貸付金など円金利資産を保有資産の中心に据え、相対的に市場リスクが大きい株式や外国証券のウエートを減らしてきた。しかし、依然として株式が保有資産の二割程度を占めていたり、外貨建て資産の運用に傾斜したりする会社が見られる。

もちろん、市場リスクをとる運用を頭から否定しているのではない。リスクとリターンは表裏の関係にあり、一定のリスクを抱えなければ、運用収益を期待することはできない。ただし、リスクを抱えるには支払い余力など万一の時に備えたバッファーが十分でなければならない。ところが、備えが十分でない会社でも、過大な市場リスクを抱えている場合があるのだ。実際、九九年三月期には円高によりリスクが顕在化し、財務内容を悪化させた会社がある。

一部の会社では、外債投資を逆ざや対策としても活用しているふしがある。米国債などは日本の公社債に比べ利率がはるかに高いので、確実に利息配当金収入を稼ぐことができる。しかも、為替が円安に振れれば売却益も期待できる。仮に円高が進み、含み損を抱えても、ソルベンシー・マージン比率を悪化させることはない（外債の含み損益は反映されないため）。だが、適正なリスク管理がなければ、ほとんど賭けに近い。

一方、信用リスクについては銀行ほど深刻ではないが、生保も不良債権問題に悩まされている。なかにはバブル期に不動産関連投融資を積極展開した結果、巨額の不良債権を抱える生保も見られた。そうした過去の負の遺産はかなり解消されつつあるが、監督当局による検査が完了していないこともあって、保有資産の健全性は会社により格差が大きい。しかも、資産内容を健全化する過程で経営体力をかなり毀損した会社も見られる。

◆際立つ生保の銀行向け投融資

そもそも生保の資産運用は、依然として純粋に運用収益を期待したものとは言い難い。例えば、政策投融資の存在だ。単純に言えば、保険契約を獲得する目的でその会社の株式を持ったり、貸し付けを実行したりするのが政策投融資である。一部の生保を除き、生保の不良債権問題が銀行ほど深刻にならなかったのは、政策目的の貸付金が多いことも理由の一つと言われている。

なかでも、大手、中堅生保は銀行向け投融資の残高が大きくなっている。しかも、投融資が特定の銀行に集中しているケースが目立つ。

図表２－８　生保15社の銀行向け投融資（99年３月末、一般勘定）

（単位：億円、％）

会社名	株式	（対保有株式）	貸付金	（対一般貸付）	劣後ローン	（対一般貸付）	投融資対総資産
日本	13,197	(22.1)	27,788	(22.0)	11,268	(8.9)	10.4
第一	10,640	(23.2)	15,465	(21.3)	8,674	(12.0)	9.5
住友	7,282	(23.6)	13,554	(22.8)	7,132	(12.0)	9.2
明治	11,025	(37.3)	15,795	(28.2)	8,846	(15.8)	16.5
朝日	4,419	(23.6)	11,782	(30.6)	6,853	(17.8)	14.2
三井	2,573	(17.2)	10,345	(34.0)	4,347	(14.3)	13.7
安田	4,262	(37.5)	10,675	(31.6)	5,633	(16.7)	16.2
太陽	2,388	(43.4)	5,744	(24.3)	3,253	(13.8)	11.8
大同	1,507	(46.9)	3,755	(31.2)	1,772	(14.7)	9.9
協栄	551	(18.3)	7,327	(40.4)	3,599	(19.8)	15.6
富国	1,113	(24.4)	3,311	(24.1)	1,700	(12.4)	10.3
千代田	2,516	(31.8)	6,020	(34.5)	3,275	(18.8)	20.2
日本団体	403	(12.6)	4,993	(45.9)	3,494	(32.1)	14.8
第百	2,052	(48.3)	3,874	(54.0)	2,507	(35.0)	24.3
東京	920	(37.2)	1,483	(41.9)	920	(26.0)	19.8

各社のディスクロージャー資料を見れば、簿価ベースであるが銀行向け株式と貸付金が開示されている。大手、中堅一五社のなかで、金融機関（銀行、証券、保険）の株式が保有株式の四割以上を占めている会社が三社ある。貸付金（契約者貸付を除く）でも、一五社のうち四社で金融機関向けが四割以上に達している。金融機関向けの貸付金のうち劣後ローンが半額以上を占めるケースが多い。両者を合わせてみると、総資産に占める銀行向け投融資は一五社中一二社で一割を上回る。大手では三菱系の明治、芙蓉グループの安田の高さが目立つ。中堅では、千代田と第百は二割を超えている。

加えて、ディスクロージャー資料からは判別できないが、銀行預金や金融債、銀行系ノンバンク向け投融資などを含めると、生保各社の銀行向け投融資は極めて大きいと想像できる。

九九年の公的資金の投入により、大手銀行が経営破綻する可能性はかなり後退した。しかし、日本の金融システムが依然として盤石ではなく、しかも産業として高い成長性が見込めるとも限らないなかで、過度な銀行向け投融資はいかがなものか。もし長銀や日債銀の劣後ローンが返されないことになっていたら、一部の生保にはかなりの打撃となったはずである。

流動性リスクについても簡単に触れたい。一般に金融機関の格付けでは流動性リスクの評価が極めて重要である。山一証券も長銀も最後には流動性リスクが引き金となった。

だが、日本の生保では他の金融機関に比べ重要性は限られている。生保は短期資金や市場性のある有価証券など換金性の高い資産を大量に保有している。加えて、大半の生保が保障性商品を主力としているため、米国のように金利変動に伴い契約が極端にシフトするリスクは小さいうえ、解約返戻金も限られている。

とはいえ、バブル後期の一時払い養老保険への資金集中に見られるように、日本でも商品によっては金利感応度が高いものもあり、これらは流動性の管理が重要となる。外部から資金を調達する手段は、コマーシャルペーパーの発行（義務ではないが、格付けを取得する必要がある）や債券レポ取引（国債の保有が前提）くらいしかないのも事実である。また、米国のように、例えば格付けの低下などをきっかけに経営の健全性が問題視され、解約が殺到し資金繰りが逼迫するというリスクが全くないわけではない。

コマーシャルペーパー（CP）　企業が短期資金を直接調達するために振り出す無担保の約束手形。国内では87年に発行が解禁され、現在では有力な資金調達手段となっている。99年12月末の発行残高は22兆円に達する。CP発行に際し、格付けを取得するのが市場慣行となっており、日本格付投資情報センター（R＆I）では300社強（格付け取得企業総数の約7割）のCP格付けを行っている。

◇行政スタンスの変化

保険業界は典型的な「護送船団方式」の行政がとられた業界だ。保険会社の経営の健全性を維持し、契約者利益の確保を図ることを理由に、監督当局（＝大蔵省）が事業範囲や商品、保険料率、配当、募集制度、資産運用など経営全般に対し強い権限を持ってきた。商品内容も保険料率も横並びで、新規参入も限られていたなかでは、販売組織の拡大が経営戦略のすべてであり、必然的にＧＮＰ（義理、人情、プレゼント）のような非価格競争が激しくなった。

だが、このような世界も「今は昔」となりつつある。

もはや護送船団など存在しないことは、相次ぐ破綻劇ではっきりしている。経営者も契約者も否応なしに自己責任を求められるようになった。経営内容の悪化した会社から顧客が逃げ出すのは、当然の話である。

行政の監督スタンスは、個々の会社を守るというものから、事前のソルベンシー規制と最低限のセーフティネットによって生命保険という金融システムを守るというものにシフトしている。九九年になって、事前チェック規制である生保版の早期是正措置と、セーフティネットである生命保険契約者保護機構が整備された。この結果、一定条件を満たせない会社には、業務改善命令や停止命令が出されることになった。しかも、金融監督庁はソルベンシー・マージン比率の算出方式を適宜改定しており、九九年四月からは予定利率リスクの評価が厳しくなり、二〇〇〇年四月からは劣後ローンの上限が明確になるなどの改

早期是正措置　監督当局が金融機関に対し、経営の是正を指導するために発動する措置。裁量性を排除し、透明で公正な行政を目指すため、銀行には98年４月、生損保には99年４月に導入された。是正措置は、銀行では自己資本比率、生損保ではソルベンシー・マージン比率を基準に段階的に発動される。例えば、ソルベンシー・マージン比率が200％を下回る生損保には経営改善計画の作成が求められ、０％を割り込んだ生損保には業務停止命令が出される。

定が行われた。

商品やサービスの多様化も急速に進んでいる。例えば、解約返戻金を抑えて保険料を安くした商品の認可などは、業界の協調を重視したかつての行政であれば、まず認めなかっただろう。生損保の相互乗り入れや外資系の相次ぐ進出により、新規参入者もかつてないペースで増えている。

ただし、詳しくは別のところで取り上げるが、現状に問題が多いのも事実である。特に、契約者が自己責任を求められるにもかかわらず、その前提となる経営内容のディスクロージャーは依然として不十分だ。「契約者は冷静な行動を」などと呼びかけられても、破綻してしまえば確実に不利益を被る。

また、最近の商品は契約者がなかなか理解できないほど複雑になっているが、こちらも契約者を保護するしくみが整備されたとは言い難い。顧客が勉強して自己防衛するにも限度があろう。

現状の早期是正措置とセーフティネットについても問題がある。今の基準ではおそらく「早期是正」にはならず、ややもすれば「発動」イコール「経営破綻」となり、多額の損失が発生することになる。しかも、生命保険契約者保護機構の限度額四六〇〇億円は、東邦の破綻処理でかなり使ってしまった。業界負担を一〇〇〇億円上乗せしたうえで、期間限定で公的資金四〇〇〇億円を投入できるようにしたが、銀行の公的資金枠とは異なりすぐに資金を使えるわけではなさそうだ。仮に生保業界がさらに負担するという話になるのであれば、業界全体の信用力は一段と圧迫されると判断しないわけにはいかない。セーフティネットの整備がうまくいかなければ、最悪の場合、生保システムの動揺にもつながりかねない。

二〇〇〇年三月期は株価が戻り、表面的には生保の信用力低下に歯止めがかかったように見えるかもしれない。しかし、実態は販売面、収益面ともいい方向には向かっていないことを強調しておきたい。

◇二十一世紀を見据えた新しい動きも

　一方、後ろ向きの話ばかりではなく、日本版ビッグバン後をにらんだ新しい動きも出てきている。信用力の低下に伴う後ろ向きの提携ばかりが目立つなか、太陽生命と大同生命の提携は前向きなものと言える。両社は九九年一月に将来の経営統合を目標とした全面的な業務提携で合意した。ともに経営の健全性が比較的高い中堅生保で、格付けも高い（二〇〇〇年二月末現在のR＆I格付けは太陽生命がA、大同生命がAA－op）。今後の金融大競争時代を生き抜くためには単独では力不足との認識から、提携に踏み切ったものと思われる。提携関係が深まるには両社の株式会社化など解決すべき課題も多いが、大手に比べやや不足気味の経営資源を補完できる点も含め、今後の進展に注目したい。

図表2－9　太陽生命、大同生命の包括提携

保険持ち株会社
T&D保険グループ
- 太陽生命保険
- 大同生命保険
- T&D 投資顧問会社
- T&D 情報システム会社
- T&D 損害保険会社
- T&D リース会社
- ………………

　セールスレディー一辺倒だった大手生保の販売チャネルにも、多様化の試みが始まっている。この面では特に日本生命の動きが目を引く。コアとなるチャネルはあくまで従来のセールスレディーということだが、男子営業職員によるチャネルや来店型店舗の展開、中小企業向け組織など、マルチチャネル化を積極的に試みている。また、一部の会社では、電話やインターネットによる直販も見られるようになってきた。もっとも、これら新規チャネルが収益面で貢献するようになるには、まだ時間がかかりそうだ。

　資産運用ビジネスの再構築は、販売面よりも一足先に活発化している。これは資産運用機関としての生保が、企業年金スポンサーなどから疑問視されるようになったためだ。九八年に大同生命と住友生命が運用部門を系列投資顧問へ「分社化」したのを皮切りに、同様の動きが業界全体に広がっている。

疑問視される理由の一つには、団体年金（生保一般勘定）の相次ぐ予定利率引き下げがある。団体年金のうち一般勘定は一定の予定利率が保証されている商品で、長い間五・五％の利率が続いていた。だが、九〇年代後半の低金利で利率の維持が苦しくなり、生保は利率を四・五％、さらに二・五％、一・五％（大手七社など）へと段階的に引き下げたのである。委託する立場からすれば、利回り保証あっての一般勘定である。この引き下げの過程で、かなりの年金基金が一般勘定への委託をとりやめた。

もう一つは格付けの低下である。生保は信託銀行や投資顧問会社などとともに企業年金の運用を受託している。だが、万一生保が経営破綻した場合には、企業年金も個人保険と同様に何らかの損失を被る可能性が高い。東邦生命のケースでも、責任準備金が一割削減されたうえ、解約には高いペナルティーが課せられた。年金スポンサーは生保と団体年金「保険」の契約を結んでいるのであって、生保は死亡保険と同じように保険料を受け取り、保険金を支払うのである。つまり、信託銀行や投資顧問とは異なり、スポンサーが預けた資産は生保に帰属するのである。日産生命の破綻でこのことが表面化して以来、信用力の低下した生保から企業年金の流出が加速している。これに対し、生保側では系列投資顧問をテコ入れし、本体の特別勘定や一般勘定の有価証券運用を系列投資顧問に委託する動きに出た。運用組織を事実上分社化することで信用リスク問題を解決しようとしている。

投資顧問会社　資産運用を専門に手がける会社。年金資金の受託拡大などから契約資産残高が急増しており、99年には70兆円を超えた。顧客の資産を預かり投資顧問自らが運用する「投資一任契約」と、顧客へ資産運用のアドバイスのみを行う「投資助言契約」がある。

3　格付けの使い方

◆健全な生保を選ぶ手がかりは

日産生命、東邦生命と生保の経営破綻が続き、契約者は現実に相当な不利益を被っている。実際、日産生命や東邦生命の場合には、個人年金や養老保険のように貯蓄性が高い商品のうち、今後の保険料払い込み期間が長い契約は、将来受け取る金額が五割以上カットされた例もある。しかも、実質ゼロ金利政策や販売不振など、生保を取り巻く事業環境は厳しさを増すばかり。こうなると自分が加入している生保の経営内容がどうなっているのかを確認しなければならない。

だが、生保の経営内容をつかもうとしても、何を手がかりにしたらいいのだろうか。

近年、経済誌やマネー誌を中心に生保を扱った記事は非常に多い。生保を取り上げるとよく売れるらしい。だが、なかにはかなりいい加減な記事もあるので要注意だ。現在考えられる有効な手がかりは、信頼に値するマスコミ情報に加え、各社のディスクロージャー資料、ソルベンシー・マージン比率、格付けの三つであろう。これに株価を加えたいところだが、日本の生保はすべて非上場会社なので、残念ながら株価を参考にすることはできない。

まず、ディスクロージャーだが、これは経営内容の分析には欠かせないものだ。かつてに比べれば、質、量ともにかなり充実してきたのは確かである（九五年頃までは株式含み益を開示しない会社もあった)。しかし、一般の契約者がディスクロージャーをもとに経営内容をつかむのはそう簡単ではない。

図表 2-10　生保各社のソルベンシー・マージン比率（99年3月末）

（単位：%）

会社名	比率	会社名	比率
日　本	849.9	アメリカンファミリー	711.5
第　一	662.1	アリコジャパン	1240.6
住　友	589.5	ソニー	1429.1
明　治	706.1	セゾン	401.7
朝　日	688.8	オリックス	837.6
三　井	519.6	プルデンシャル	1542.1
安　田	727.2	GE エジソン	996.6
太　陽	869.1	アイエヌジー	1274.3
大　同	998.0	INA ひまわり	763.9
協　栄	343.2	ニコス	1304.5
富　国	820.6	オリコ	799.4
千代田	396.1	アクサ	793.9
日本団体	377.5	スカンディア	20515.4
第　百	304.6	チューリッヒ	7114.2
東　京	478.7	東京海上あんしん	1800.7
平　和	578.5	住友海上ゆうゆう	895.8
大　和	755.3	三井みらい	2584.0
大　正	384.6	日　動	4730.3
		同　和	2398.7
		千代田火災エビス	1773.2
		大東京しあわせ	2173.4
		富　士	3252.4
		興亜火災まごころ	2843.3
		日本火災パートナー	2263.9
		共栄火災しんらい	3979.8

事業会社や金融機関を分析するプロの人たちでも、保険会社の財務データを見ると頭を抱えるそうだ。

そもそも、一般の契約者がディスクロージャー資料を簡単に入手できるかどうかが怪しい。もちろん生命保険協会や各社の本支社など閲覧できる場所はあるのだが、何となく敷居が高い。最近は改善しているかもしれないが、「何に使うのか」などといちいち聞かれたり、資料請求しても無視されたりすることもありうる（契約している生保でやられた経験がある）。信頼できる経済誌やマネー誌の生保特集を参考にするのが現実的かもしれない。

その点、ソルベンシー・マージン比率はパーセントで示されているので比べやすいし、入手も簡単だ。何より国が基準を定めたという「安心感」がある。

ただ、この比率は確かに経営の健全性を示す一つの指標であるが、これだけで経営内容の優劣がわかるとは言い難い。しかも、劣後ローンの取り入れなどでソルベンシー・マージン（＝分子）をかさ上げしたり、先物やオプションなどのデリバティブ取引を活用することでリスク相当額（＝分母）を大幅に圧縮できるなど、様々な対策により比率を大きく改善することができる。経営破綻した東邦生命のソルベンシー・マージン比率は、早期是正措置の発動ラインである二〇〇％を超えていたと言われる。

三つめの格付けは、手前みそだが利用価値が高いと言える。格付けは、将来にわたる保険金支払い能力や財務力などをAやBなどの簡単な記号で示したものだ。記号を知るだけならば新聞、雑誌に掲載されることもあるし、マネー誌などに一覧表が載っている。インターネットのホームページでも格付け情報にアクセスできる。例えば日本格付投資情報センター（R&I）のホームページ（www. r-i. co. jp）では、格付け記号や格付け理由のコメントなどを無料で提供している。

ソルベンシー・マージン比率があくまで過去の一時点の断面であるのに対し、格付けは将来（とはいっても三年から五年程度）の経営内容を表している点も優れた特徴だ。格付け機関では会社の将来の姿を予測するため、ディスクロージャー資料に加え、会社から提供される非開示情報の分析や経営陣とのミーティングなどを行っている。

なお、一度付いた格付けは将来にわたり変わらないのではなく、しばしば見直される。R&Iでは最低年一回、格付けの見直しを行っており、その際に格付けが上がることも下がることもある。近年は規制面を含め、保険会社を取り巻く事業環境が著しく変わるため、見直しは年に数回行われることが多く、時期も不定期になっている。

図表 2-11　主要格付け機関の概要

会社名	本社所在地	株　主	設立の経緯	格付け対象社数	特　色
日本格付投資情報センター（R&I）Japan Rating & Investment Infomation	東京	日本経済新聞社、金融機関など	1998年に日本公社債研究所（JBRI）と日本インベスターズサービス（NIS）が合併。JBRIは77年に試験格付けを発表。85年に株式会社に改組。NISは85年に設立	約1,100社（日本企業中心）	居住者部門の格付けカバー率は約9割
日本格付研究所（JCR）Japan Credit Rating Agency	東京	信託銀行、保険会社など	1985年に機関投資家などによる共同出資で設立	約600社（日本企業中心）	世界銀行など主要国際金融機関のすべての格付けを実施
ムーディーズ・インベスターズ・サービス Moody's Investors Service	ニューヨーク	Dun & Brudstreet	1900年に投資情報サービス会社として設立。1909年から債券格付け業務を開始	約5,500社	S&P社と並ぶ世界最大の格付け会社。依頼格付けと勝手格付けを分けて公表していない
スタンダード・アンド・プアーズ（S&P）Standard & Poor's	ニューヨーク	McGraw-Hill の一部門	1860年に投資情報サービス会社として設立。1926年に債券格付け業務を開始	約7,000社	ムーディーズと並ぶ世界最大の格付け会社
フィッチ・アイビーシーエー Fitch IBCA	ニューヨーク、ロンドンの2本社	Fimalac（フランス）の持ち株会社	1997年に米Fitchと英IBCAが合併。Fitchは1913年に創立、IBCAは78年に銀行格付け会社として創立	約600社（日本企業中心）	世界銀行など主要国際金融機関のすべての格付けを実施

（出所）国際金融情報センター

◇生保格付け評価のポイント

Ｒ＆Ｉの場合、格付けは担当アナリストを含め一〇名程度のメンバーで開かれる格付委員会が決定する。格付委員会では、その会社が抱えている現在および将来の事業リスクや財務リスクがどの程度であるかを様々な角度から議論し、最終的に格付けという記号で示す。

格付け機関によっては、独自に開発した格付けモデルからの結論を重視する方法をとっているところもあるようだ。しかし、信用力の手がかりとなる指標は常に同じ程度の重要性を持つとは限らない。特に事業リスクを分析するには定量的なアプローチだけでは限界があろう。格付けはある意味では「アート」なのだと思う。

Ｒ＆Ｉでは生保の格付けを決める際に、以下の五つのポイントを中心に議論を行っている。

①事業基盤、経営戦略

生保市場の成長性や競合状況、事業基盤や営業組織の優劣、親密先の存在など。特に、将来の保険金支払い能力を判断するうえで、今後の経営戦略を重視している。すでに販売組織の規模ではなく、販売チャネルの生産性や効率性が勝敗を分ける時代に突入しており、経営の健全性を高めるとともに、販売チャネルの改革やターゲットの絞り込みなど、経営戦略の抜本的な転換が不可欠となっている。

②支払い余力

現在および将来の支払い余力の状況と、これを補完する資産含み益、外部調達など。とりわけ、株式含み益や劣後ローンなどを除いた、資本性の強い項目を狭義の支払い余力として重視している。会社が抱えるリスクについても、監督当局のソルベンシー・マージン基準よりも保守的に見ている。例えば、株式や外貨建て資産の価格変動リスクは過去の変動率などを考慮している。

③収益力

収益力の評価は将来にわたる経営の健全性を判断するうえで極めて重要である。ある時点のソルベンシー・マージン比率が同じ生保でも、収益力の高い会社と低い会社では数年後に全く異なる支払い余力となる可能性もある。ただ、保険会社の収益力を評価するのには決め手がないのが現状だ。費差、死差、利差の三利源損益や時価ベースの収益など複数の指標から判断している。

④保有資産の市場リスクや信用リスク

有価証券や貸付金など保有資産の市場リスクや信用リスクの状況とその推移を見るとともに、資産運用体制、市場リスクや信用リスクの管理体制などに注目する。生命保険は長期にわたる契約が多いので、各種リスクのなかで資産運用に関するリスクが最も大きい。そこで、この部分を掘り下げて分析するわけだ。

⑤規制環境

個別の要因ではないが、現在ならびに今後の規制環境や行政当局のスタンスなどは、各社の格付けに重大な影響を与えることがある。セーフティネットとして生命保険契約者保護機構が設置されたが、破綻会社の責任準備金は最大一割削減される。たとえ責任準備金が全額保護されたとしても、予定利率の引き下げや早期解約控除など何らかの契約者負担は避けられない。ただ、全くセーフティネットが存在しない状況に比べれば、評価していいのかもしれない。

◆格付けの限界

ディスクロージャー、ソルベンシー・マージン比率とともに、格付けの利用価値について述べてきた。

格付けはディスクロージャーに比べわかりやすく、ソルベンシー・マージン比率とは違い、将来の経営内容を示していることも紹介した。

だが、限界があることも忘れてはならない。格付けはあくまで民間企業である格付け機関の意見である。日本の生保に対してはどの格付け機関も本格的に取り組み始めてから日が浅い。米系格付け機関が保険会社の格付けを本格的に開始したのは八〇年代からであるし、日本の格付け機関はそもそも格付け自体の実績が最長二〇年程度である。日本の生保に対する本格的な格付けは、どこの格付け機関もせいぜい三、四年の歴史しかない。企業分析の専門集団による格付けは、契約者にとって有効な情報であることは間違いないが、あくまで参考意見として扱うべきである。

また、高い格付けイコール契約者にとっていい生保とは限らない。経営の健全性に問題がないことは最低条件だが、商品やサービスなどが優れているかどうかは次元が違う話である。もちろん本来は、契約者にとっていい会社は長い目で見れば顧客をしっかりつかむことになり、格付けにも反映することになるだろう。ただ、現在のように会社と契約者の間に著しい情報格差がある場合には、会社が売りたい商品を売るのが高い格付けの秘訣ということもありうる。

自己責任の世界では、最終的には自分の頭で判断しなければならない。

4　不十分なディスクロージャー

◆様々な誤解

昨今、何かと生保が話題になることが多いが、専門家と言われる方々の意見でも様々な誤解がある。いくつか例をあげて考えてみよう。

「キャッシュフローがマイナスである」

ここでいう「キャッシュフロー」とは、保険料収入から保険金や解約返戻金などを差し引いたもの。この数字がマイナスだと危ないという趣旨だ。解約の急増で資金繰りに窮しているというのだろう。

確かに、このような状態が何年も続く会社は問題だ。資産流出に歯止めがかからなければ、いずれは経営が成り立たなくなる。

ただし、単年度の決算でこの数字を見てもほとんど意味がないと思う。生保の場合、収入と支払いの時間差は非常に大きい。極端な話をすれば、すでに保険料の払い込みが完了した終身保険や年金保険では、今後は支払いしか発生しない。将来の保険金支払いに備え、保険料の一部を責任準備金として積み立てておくのは保険本来のしくみであり、支払いが多い時は積み立てられた責任準備金を取り崩して対応するのは当然のことだ。生保はそのために流動性の高い資産を大量に抱えている。

団体年金や一時払い養老保険なども収入や支払いを大きく動かす一因だ。これらの保険料は一時払いなので、団体年金の解約や一時払い養老保険の満期が集中した時には、一時的に支払いが急増し、キャッシュフローがマイナスになりやすくなる。しかし、団体年金や満期保険金に対応する資産は必ず用意されているので、経営内容にはほとんど関係がない。

もちろん、九八年三月期のように金融システム不安から解約ラッシュが生じたような時は、信用力の低下した生保ほどキャッシュフローがマイナスとなる傾向が見られた。だが、これはあくまでも結果としてそうなったという話であって、それならば、むしろ解約失効率の高低を見る方が正しいと思う。

なお、私はキャッシュフローの動向を見ることに反対しているのではなく、むしろその逆である。将来にわたるキャッシュの出入りの動向を分析することは極めて重要と考えている。ただ、残念ながらそのようなデータは公開されていない。

「責任準備金の繰り入れから戻し入れに変わった」

必要な準備金を取り崩して対応し、経営の健全性を損ねているという趣旨である。

生保の損益計算書には生保特有の項目も多い。経常費用に出てくる「責任準備金繰入額」もその一つであろう。近年はこの項目がなく、代わりにその他経常収益のところに「責任準備金戻入額」が計上される会社が目立っている。これを見て、責任準備金を取り崩して決算を取り繕っていると考えるのは間違いだ。

先にも述べたが、「責任準備金繰入額」「戻入額」ともにネットで表示されている。その年の責任準備金繰り入れが取り崩しを上回れば、その差額が「繰入額」として表示されるし、解約や満期などで取り崩しが繰り入れを上回れば「戻入額」となる。さきの「キャッシュフロー」と同様に、単年度では経営内容にほとんど影響がない。

他方、積んでおくべき責任準備金を取り崩して決算を行った例は、九五年三月期などにいくつかの生保で見られた。責任準備金を保守的ではない積み方に変更すれば、中堅生保の場合でも数百億円の益出しが可能である。だが、当時は損益計算書をはじめ、ディスクロジャー資料からでは実態がよくわからなかった。今では責任準備金の積立率というデータが公表されているため、ここでの露骨な決算対策は難しくなった。

「逆ざや額の蓄積が株式含み益を食い潰している」

その年度に発生した逆ざや額は、その年度のうちに何らかの財源で埋めなければ決算ができない。まずは費差益や死差益など保険関係の差益が充てられ、仮にそれでも足りない場合には資産売却益で穴埋めする。したがって、過去の逆ざや額が将来に蓄積されるようなことはまず考えられない。

「逆ざや額の累積」にあえて意味を求めるならば、過去にその分だけ契約者への配当が失われたということくらいだろうか。

逆ざやはむしろ将来にわたり会社の収益を圧迫するという点で深刻である。金利などの前提にもよるが、将来発生するであろう逆ざや額を計算すれば、大半の会社で株式含み益を食い潰す結果となるだろう。

「金利が上昇すると大変なことになる」

これはいい加減な情報の例ではなく、なかなか難しい話である。

生保は超低金利に苦しんでおり、金利が上がるのを待ちわびている。金利がこのままだと逆ざやはいつまで経っても解消しないからだ。

だからといって金利が急騰すれば、それはそれで大変だ。九八年十二月に長期金利が一％割れの状態から二％台まで急上昇した際、本来は金利の上昇を歓迎するはずの生保経営者の一部から、逆に経営を危惧する発言が飛び出した。なぜなら、金利が数パーセント上昇すると、すでに保有している債券の価格が急落するため、たちまち多額の含み損を抱えることになるからだ。

過去に購入した高利率の債券を今でも確保している会社はまだいい。だが、すでに売却益を出してしまい、国内公社債の含み益がほとんどない生保も多い。仮に、多額の含み損を抱えると、自己資本の薄い生保の場合には、早期是正措置の「実質債務超過」基準に引っかかってしまい、業務停止命令により会社の存続を絶たれる恐れだってある。もちろん、売却すれば損失を計上することになり、決算の足を引っ張ることになる。

いくつか例をあげてみたが、ほかにも逆ざやと不良債権を同列で扱ったり、契約した保険金額と解約返戻金を比べて論じてみたりと、保険に関する基本的な認識を疑わせるようなことも多い。本人の責任にするのは簡単だが、行政や生保業界は、どうしてこれほど誤解が多いのかをよく考える必要があると思う。

◆ディスクロージャーのここが問題

一方、生保業界からは、「最近の生保のディスクロージャーは上場企業に引けを取らない」という声が聞こえてくる。

確かに、ここ数年で開示内容はかなり充実してきた。経営内容を外部に伝える資料のなかでは「〇〇生命の現状」という冊子（会社によってタイトルは違うこともある）が最も充実している。これを見ると、資産内容や負債の状況、支払い余力の水準などがある程度わかるようになっている。会社によっては、ここ五年間の経営指標の推移や経営の健全性をアピールする工夫を見ることができる。特に九八年版からは、

・経営方針に関する記載
・有価証券の時価情報、不良債権の開示ベースの充実
・ソルベンシー・マージン比率の公表（内訳は大同生命のみ開示）
・責任準備金の積み立て方式と積立率

など、開示内容が大きく前進した。

しかし、まだまだ拡充してもらいたい点も多い。例えば、ディスクロージャー資料には生保が抱える最大の問題である「逆ざや」について明確な開示はない（決算発表時には記者クラブ向けに「逆ざや額」という数字が公表される）。逆ざやを含め、収益力の判断材料は極めて少ないと言えよう。収益力は将来の経営内容を判断するうえで重要な手がかりになる。

資産内容にも依然不透明な要素が残っている。例えば、生保は銀行のような自己査定のガイドラインの発表が遅れ、監督官庁の検査も終わっていなかったため、九九年三月期の自己査定内容にかなりばらつきがあった。このようなことはディスクロージャー資料からは全くわからない。他にも、保険契約の継続率（一部の会社が開示）や販売組織の効率性などを示す指標は、経営内容をつかむうえで利用価値

が高い。

ただ、生保のディスクロージャーは量の充実を図る段階から、次のステップにきていると思う。一般の契約者が開示情報から保険会社の経営内容を把握するのは難しいが、これは事業会社や銀行でも同じことだ。生保の場合、事業そのもののわかりにくさと、上場企業ではないためアナリスト機能が弱い（というか、ほとんど存在しない）、という二つの特殊事情を考えなければならない。

生保業界には、誤解を招きかねないから情報を開示しない、という発想が根強い。ソルベンシー・マージン比率も当初はそうだった。しかし、契約者を守るしくみが「護送船団」から監督当局のモニタリングと最低限のセーフティネットという枠組みに移行しているのだから、顧客に判断する材料を十分に与えないのは納得できない。経営指標を示すとともに、それが何を意味するのか、どのような水準を目指すのかなどを説明する必要がある。実際に破綻生保が出現し、契約者が不利益を被っている以上、情報のギャップを埋めるのは行政と生保会社の責任だろう。業界共通でディスクロージャーを考える段階は終わったという意見もあるが、私は逆に、必要なディスクロージャーは行政が強制してもいいくらいだと考える。

もっと踏み込んで言えば、相互会社の場合は会社統治のあり方に問題がある。現在の社員総代会が経営のチェック機能を果たしているとはとても思えない。大口の契約者（＝社員）としての、厚生年金基金連合会に代表される年金基金からの圧力は無視できないだろうが、もしかしたら、声の大きい顧客だけに情報開示しておしまいとなる危険もある。極論すれば、現状では生保の経営内容を外部からチェックしているのは一部のマスコミと格付け機関だけなのである。生保が上場でもしなければ、事態はあまり改善しないのかもしれないが。

◆ディスクロージャーをどう使うか

それでも文句ばかり言っていても仕方がない。現実に入手できる情報の範囲で経営内容を判断した方がよほど建設的だ。参考までに、生保の決算データのどこを見たらいいのか紹介する。

まずは保険契約の動向に注目したい。個人保険、個人年金の保有契約高が大きく減り続けている会社は、それだけ顧客離れが深刻だと言える。また、外資系や異業種系のように比較的歴史が新しい場合には、その会社が成長段階にあるのか成熟期に入りつつあるのかを判断するうえで重要である。

ただ、保有契約高は一般に保険金ベースで示され、保険料収入とは違う。大型の死亡保障商品が売れない今のような時代には数字が伸びにくいし、大手生保が力を入れている各種の特約、例えばがん、急性心筋梗塞、脳卒中の三大成人病を対象とするものや、高血圧症や糖尿病など重度の慢性疾患に対するものなどは保有契約にカウントされない。

一方、団体年金の動向も興味深い。団体年金の顧客である厚生年金基金や適格年金は、担当者にどこまで専門知識があるかどうかは別として、仕事として生保の信用リスクに向き合っている。もし資金を預けた生保の経営が破綻すれば、団体年金も何らかの損失を被るのは確実であり、運用担当者が責任を問われてしまう。そこで、経営内容の悪化した生保から資金を引き上げようとするわけだ。団体年金の契約額はもちろん運用能力の有無やスポンサーとの関係によっても左右されるが、一般勘定のみならず、特別勘定も減っているのであれば要注意だろう（系列投資顧問の動向にも注意）。

次に、ソルベンシー・マージン比率があげられる。前にも述べたが、通常想定しないようなリスクが顕在化した時のための備えである。二〇〇％が早期是正措置の発動ラインになっているが、二〇〇％を超えているからといって安心なわけではなく、あくまでも目安の一つとしてとらえた方がいい。一〇

○%程度なら簡単にかさ上げできるので、少なくとも四〇〇%程度はあった方がいいかもしれない。株式含み益や劣後ローンを除いたベースで見るのも一つの考え方であろう。大同生命だけは九八年三月期から分子、分母の内訳を公表している。新しい会社の場合には、そもそも抱えているリスクが小さいので指標は高くなりがちだ。

保有資産構成や資産の含み損益にも注目したい。外貨建て資産の比率が極端に高い会社や、依然として株式のウエートが大きい会社があるし、多額の有価証券含み損を抱えてしまった生保も見られる。貸付金については決め手がないが、リスク管理債権の大きさと貸倒引当金の引当率で我慢しよう。

収益力を判断するには少し工夫が必要だ。現時点では、住友生命方式の「業務純益」が最も利用価値が高い。これは、損益計算書の経常損益から有価証券売却損益や評価損（ともに一般勘定分）、貸倒引当金繰入額、危険準備金繰入額など臨時的な損益を考慮した指標である。少なくとも経常損益をそのまま使用したり、保険料等収入から保険金等支払いを引いたりするよりもずっとましだ。

図表2-12　各社の「業務純益」(99年3月期)

会社名	業務純益（億円）	対総資産比率(%)
日本	6,412	1.5
第一	3,253	1.1
住友	3,507	1.5
明治	1,734	1.0
朝日	992	0.8
三井	1,419	1.4
安田	1,906	2.0
太陽	▲66	▲0.1
大同	1,116	2.0
協栄	419	0.8
富国	347	0.8
千代田	815	1.9
日本団体	101	0.3
第百	▲249	▲1.0
東京	6	0.0

「業務純益」はイメージとしては三利源損益に近く、当然のことながら逆ざやによる損失も含まれている。ただし、支払配当金（配当準備金繰入額で代替するのが現実的）を差し引いた方がいいだろう。契約者への配当金はある種の費用であり、株主配当とは性格が違う。指標が高いほど収益力がある会社ということだが、やはり過信は禁物だ。時系列で傾向を追ってみるのも一案だろう。

ディスクロージャー資料のポイントを紹介してみたが、会社の経営内容を的確に示すような指標は残念ながら存在しない。それでも、これらの指標や格付けを見れば、自分の加入している会社の経営内容がいいのか悪いのかをつかむことができるだろう。

第3章

生保システムの動揺

1　生保離れの真相

◆生命保険大国の実態

日本は世界一の生命保険大国である。

日本の生命保険は、幕末に福沢諭吉が保険制度を紹介し、その門下生が明治十四年（一八八一年）に最初の近代的生命保険会社（現在の明治生命保険）を設立して始まった。第二次世界大戦の敗戦とその後の猛烈なインフレで壊滅的な打撃を受けたが、日本経済の復興とともに立ち直り、高度成長期には飛躍的な発展を遂げた。一九六六年には保有契約高が世界第二位となり、八七年には米国を抜き第一位となった。

生保の普及率も高い。簡保や共済を合わせた生命保険の世帯加入率は、一九六八年にはすでに九〇％近くに達している。日本でここまで生保が普及したのは、国民所得の増大や核家族化の進行という要因もあるが、セールスレディーに代表される販売組織の拡大と保険会社による死亡保障の大型化戦略によるところが大きい。

すべてが規制されていた「護送船団」時代には、保険料率や商品内容に大差がなかったため、販売組織を拡大することが会社の収益に直結した。各社とも営業職員を大量に採用し、営業職員の登録数が九〇年から九一年のピーク時には業界全体で四四万名にもなった。同時に大量採用、大量脱落というターンオーバー現象が当たり前の姿となった。

また、生保の普及率が九割近くに達した頃から、保障の大型化戦略が目立つようになった。この頃の主力商品は定期付養老保険（満期保険金のある養老保険に定期保険特約がついたもの）だが、定期特約の死亡保険金が満期保険金の数十倍という商品が開発されている。その後、八〇年代に普及し、今でも大手生保の主力商品である定期付終身保険も、割安な保険料で保障を大型化する戦略の一環である。同じ保障金額であれば、保険料は定期付終身の方が定期付養老よりも安い。やはり定期特約の高倍率化が進められ、なかには三〇倍などという商品（ほとんど掛け捨てに近い）も登場した。

最近クローズアップされている契約転換制度や定期特約の更新型、保険料支払いのステップ方式なども、すべて同じ戦略から生まれたものだ。ついでながら、九六年から損保系生保に対抗するかたちで発売し、今では主流となった五年ごと利差配当商品も、入り口の保険料を引き

定期特約の更新型　大手、中堅生保の多くが主力商品としている定期付終身保険は、終身保険に定期保険特約（定期特約）を上乗せしたものだが、定期特約には「更新型」と「全期型」の２つのタイプがある。先に全期型から説明すると、終身保険の保険料払込満了時までの全期間にわたり定期特約が付加されているものだ。60歳まで保険料を払い込む契約ならば、定期特約の保険期間は60歳までとなっている。一方、更新型は定期特約の保険期間を10年や15年などに設定し、更新時には無診査で自動更新できるというもの。全期型の保険料が変わらないのに対し、更新型では当初の10年や15年の保険料が安く、更新するごとに保険料が上がるしくみになっている。当初の保険料が安いので若い世代でも高額保障を買うことができる、更新時に保障額を変えることで保障の見直しができる、などが更新型の特徴だ。逆に会社の立場からすると、死亡保障の大型化を進めやすい商品である。

問題は、営業職員の説明不足、あるいは顧客の無関心から、顧客がこのような更新型の特徴をほとんど理解していない点である。更新時を迎え保険料が大幅に値上がりすると知らされ、初めて更新型に気付くケースも多いようだ。トラブルの原因は商品にあるのではなく、顧客の理解よりも会社の方針を優先させた販売方法にある。

図表3－1　生命保険の世帯普及率

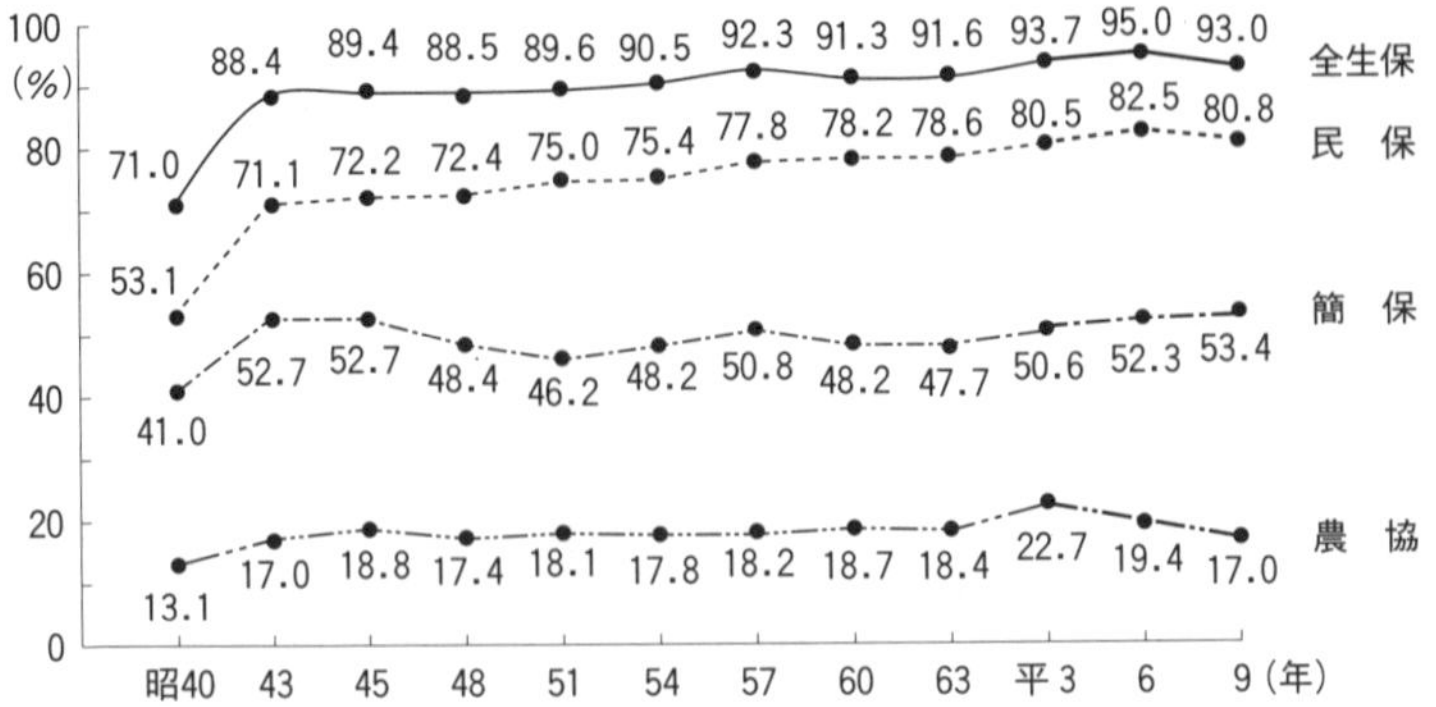

（出所）　生命保険文化センター

下げるという点で発想は同じと言える。要は大型の商品を売れば会社がもうかるのである。

同時に、顧客の保険に対する意識も低かった。毎年数十万円もの保険料を払っているにもかかわらず、自分が加入している保険の内容をきっちり把握している人はまれで、加入の動機も「セールスマンが知り合いだった」とか「以前からのセールスマンに勧められた」「セールスマンが親身に説明してくれた」など、極めて他律的だ。

しかし、バブルが崩壊する前から変化の予兆はあった。八〇年代にはすでに新契約の伸びが頭打ちとなっており、予定利率などを改定するとともに、契約の転換を進めた年しか新契約は目立った伸びを示さなくなっていた。保険料収入は八〇年代後半に高い伸びを示したが、かなりの部分は一時払い養老保険など貯蓄性商品によるものだった。それでも、生保業界は販売組織の拡大と死亡保障の大型化という従来の戦略を見直すことはなかったため、おそらく、この時期から会社のニーズと顧客のニーズが潜在的に大きくなっていったのだろう。そして、バブル崩壊後の景気低迷をきっかけに、いわば死亡保障バブルが崩れ始めたのではないだろうか。

図表３-２　新規契約高の推移

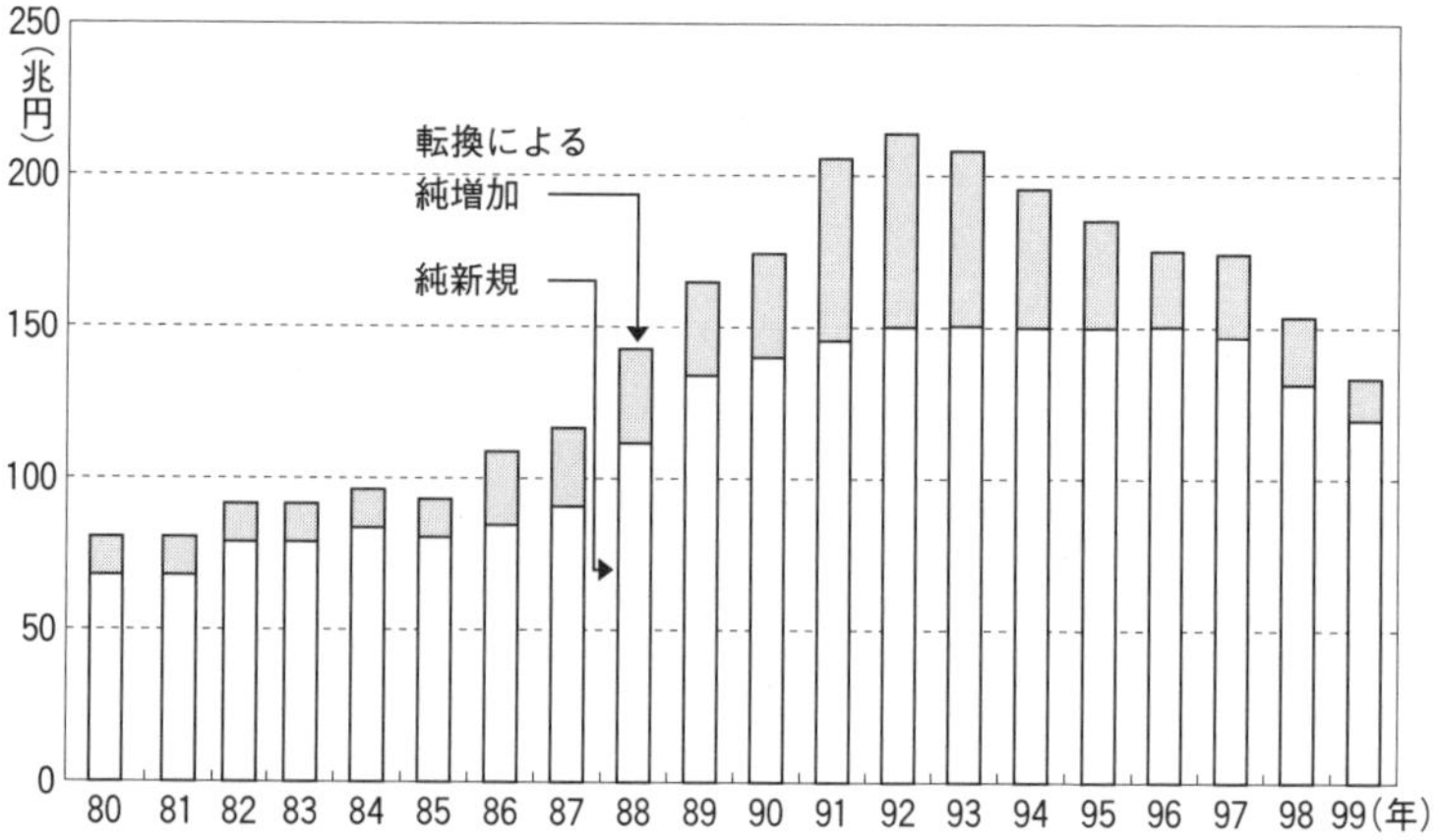

（注）各年とも３月末

最近まで生保業界は、世帯主に万一のことがあった場合に必要な生活資金は七〇〇〇万円強だが、実際に世帯主が加入している死亡保険金は二七〇〇万円、という生命保険文化センターの調査をもとに、市場の拡大余地は大きいと主張してきた（一方、実際に支払われた死亡保険金は一件当たり二〇〇万円というデータもある）。だが、そもそも自分が加入している保険を把握できていないのに、必要保障額をつかんでいるわけがない。生命保険大国の実態は、顧客の潜在的なニーズや横並び意識などをうまくとらえ、「ＧＮＰ（義理、人情、プレゼント）営業」で画一的な大型商品を売りまくった結果と言えそうだ。

◆崩れる死亡保障バブル

バブル崩壊後、個人保険の新規契約高はマイナス傾向が続いている。近年は契約高が一段と落ち込んでおり、解約の高さも相まって、九八年三月期から保有契約高も減少に転じている。

九九年三月期は大手、中堅生保で個人保険の新規契約高（転換による増加分、減少分を含む）がプラスだったのは、健康体割引が好調だった大同生命と、ノンスモーカー保険「すいません」を発売した第百生命だけ。最大手のニッセイは前期に比べ二九％も落ち込んだ。保有契約高では富国生命だけがプラスとなり、残りは全社がマイナスだった。

販売組織の中核をなす営業職員数も減り続けている。ピーク時の四四万人から一〇年足らずのうちに三五万人を割り込んだ模様だ。営業職員の給与は新規の契約がとれるかどうかにかかっており、ベテランのセールスレディーを含め脱落者が続出している。当然、営業職員の定着率も悪化している。採用してから約二年後に一定の戦力として定着している営業職員は、一割前後という厳しさだ。

このような販売不振は、もちろん景気の低迷や死亡保障市場の成熟化によるところも大きい。だが、これだけでは説明できないだろ

変額保険　通常の生命保険では、会社が経営破綻でもしない限り、契約時に定めた保険金額が変わることはない。これに対し変額保険では、資産運用の実績に応じて受け取る保険金額が増減する（ただし、契約時に最低保障額が定められている）。株式投信のようなハイリスク・ハイリターン型の商品である。86年に発売されたが、当初の目的であるインフレヘッジや金利選好ニーズというよりも、相続税対策として銀行ローンとセットで販売された。つまり、顧客は銀行から借金をして変額保険に加入したのである。その後のバブル崩壊で運用実績が悪化し、結果的に大きな損失を出すことになった。加入時に変額保険のリスク面を十分説明しなかったことが、その後のトラブルや訴訟続発につながっている。

Aグループ保険　団体定期保険の１タイプ。会社が従業員を被保険者にして契約する期間１年の定期保険で、保険料は会社が負担する。本来は従業員が死亡した際の弔慰金などに備えた保険だが、保険料が損金扱いとなるため節税対策として売られた。従業員が死亡しても、会社が受け取った保険金を遺族にほとんど支払わないケースも多く、90年代半ばに社会問題となった。トラブルや訴訟が頻発したため、96年から従業員の合意が必要な「総合福祉団体定期保険」に切り替わった。団体定期保険には他に従業員が保険料を負担する「Bグループ保険」などがある。

う。まず、予定利率を何回も引き下げた（＝保険料を値上げした）ことがある。日産生命や東邦生命の経営破綻による影響も無視できない。変額保険や団体定期保険（いわゆるＡグループ保険）をめぐるトラブルや、和歌山をはじめ全国各地で頻発している保険料に関わる事件なども販売に悪影響を与えている。

より本質的には、販売組織の拡大と死亡保障の大型化という会社のニーズに沿った戦略に、顧客がノーと言っているふしがある。

例えば、大手、中堅生保が販売不振にあえぐなかで、外資系や異業種系の生保は着実に契約を伸ばしている会社が多い。ソニー生命やプルデンシャル生命はライフプランナーという男子を中心とする営業職員によるコンサルティング・セールスで業界一、二位の保有契約純増額を達成。「クラブ・ノンスモーカー」「はいれます」「終身医療保険」など新しいコンセプトの商品が目立つアリコジャパン、がん保険を中心に医療保障に集中しているアメリカンファミリーなども好調だ。セールスレディーによるお願いセールスの世界しか知らなかった顧客の目には、新規参入組（と言っても二〇年以上の歴史を持つ会社もある）の商品や販売スタイルは新鮮に映っているのだろう。

◆会社本位の販売に拒否反応

重要なのは、徐々にではあるが、顧客の意識が変わってきていることだ。きっかけは所得が伸び悩み、家計のリストラをせまられたからかもしれないが、毎月の保険料の高さに疑問を感じた人も多いだろう。マネー誌などが保険のリストラを何度も特集していることもあり、生命保険の見直しは一種のブームになっている。

考えてみれば、生命保険は不思議な商品だ。人生でマイホームの次に高い買い物なのに、その内容をほとんどの顧客が理解していない。マイホームや自動車を買う時に中身をよく確かめない人はいないだろう。生命保険は遠い将来に対する備えであり、なかなか自分から必要性を感じることは少なく、どうしても対面販売で顧客の潜在的なニーズを掘り起こす売り方が中心になる。それがいつの間にか会社のニーズを押しつけるようになってしまった。

個人的にも経験がある。セールスレディーは新しい特約が出たからといって顧客に勧め、加入後三年もすると保障額の見直しを勧める。昼休みに二十代の独身サラリーマンに対し、「同期のみなさんも保険を見直している」とか「保障額は見直していく（＝高額にする）もの」という勧誘を何度耳にしたことか。相手が何も知らないのをいいことに、「少し保険料が上がるだけで保障額が倍になる」と言って、全期型の顧客に対し、一五年後に保険料が二倍に上がる契約を提案する。設計書には頼んでもいないのに入院や通院の特約がセットになっていて、八十歳まで自動更新とある。ところが、細かい字で「保険料払込満了時に一括または年払いでお払い込みいただきます」と書いてあり、よくよく調べてみると一括で数百万円の保険料を払わなければならなかったりする。「もうすぐ保険料が上がるから、今のうちに見直した方がいい」というのも記憶にある。「もし見直す気があるのならば」というのが全く抜けていて、初めから見直しが前提になっている。今思えば、すべて会社本位のセールスである。

当時は知識もなかったが、何となくうさん臭かったので一度も見直しに応じなかった。しかし、周囲では結構セールスレディーと「仲良く」している人も多かったようだ。保険会社にとって職域はまさに宝の山だ。

近年、新規契約高のうち、転換による純増額（転換による増加分から減少分を引いたもの）の落ち込みが大きくなっている。これは、顧客がセールスレディーの勧められるまま保険の見直しに応じなくなった、あるいは、かつて勧められたままに加入した保険の保障額をリストラしているためであろう。

◆大手、中堅生保への不信感

現在の販売不振は景気が回復に向かっても大して改善しないだろう。死亡保障バブル崩壊の根底には、生保への極めて強い不信感が横たわっているからだ。

何といっても最大の不信感は、自分が契約している生保が破綻してしまうのではないかという疑念が晴れないことだ。九七年四月の日産生命の破綻で生保の不倒神話は崩れ、契約者は保険金の削減などの憂き目にあった。その後、北海道拓殖銀行、山一証券と大手金融機関が相次いで倒れ、少しでも経営が不安視された金融機関には顧客が長蛇の列をなした。銀行には多額の公的資金が投入され、金融システムはひとまず落ち着きを取り戻している。だが、生保にはほとんど手がつけられていない。経営内容は依然として不透明なままで、しかも九九年六月に破綻した東邦生命のソルベンシー・マージン比率は、早期是正措置の発動基準である二〇〇%を上回っていたと聞く。逆ざやの拡大などを理由に、各社の格付けは九九年になってからも下がり続けている。生保には「B（シングルB）」や「CCC（トリプルC）」など、他の業界ではあまり見られないような低い格付けの会社が何社もある。

最低限の契約を守るためのセーフティネットも心もとない。最初の「保護基金」二〇〇〇億円は日産生命の処理で全額使い切ってしまい、新たに設立された「保護機構」四六〇〇億円も東邦生命一社で多くを使ってしまった。公的資金の投入がようやく準備されたが（ただし、いざという時にすんなり投入されるかどうかは不透明である）、顧客が疑心暗鬼になるのも無理はない。

もっとも、生保への不信感は経営内容が比較的健全な生保にも向けられている。先に個人的な経験として述べたが、会社本位の販売姿勢に対する不満はかなり根強い。

太陽生命や大同生命などを除き、大手、中堅生保の主力商品は定期付終身保険である。最近は様々な特約が加わってわかりにくくなっているが、基本となる部分は八〇年代から変わっていない。定期付終身保険の特色を整理すると、①割安な保険料で一定期間の高額な保障を用意できる、②自分のニーズに合わせて自在に設計できる、③死亡保障以外の保障ニーズには自分が希望する特約を取捨選択して加入できる、である。つまり、設計の自在性がポイントと言える。ところが、保険会社はこれをレディーメードの商品として営業職員に販売させるから問題が生じるのだ。

図表3-3　定期付終身保険(更新型)のイメージ

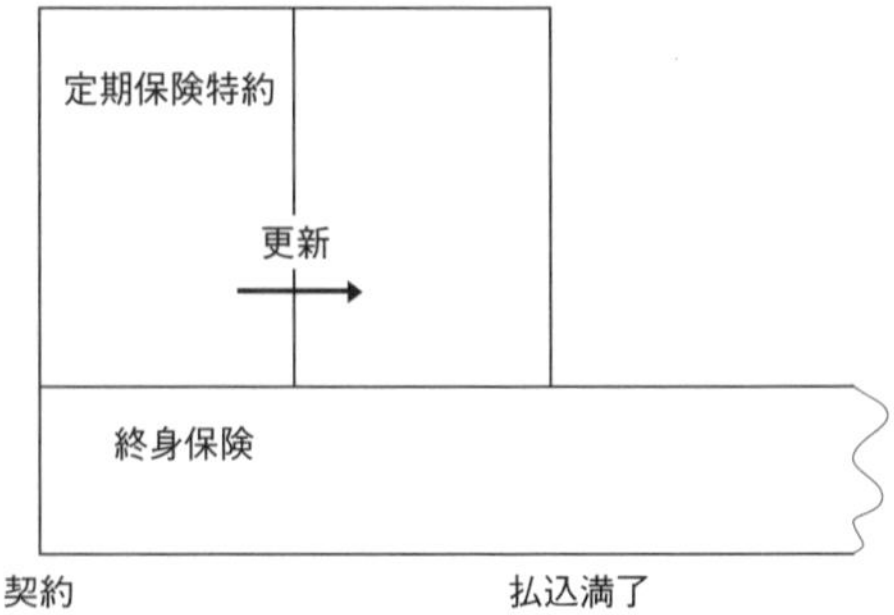

営業職員は見込み客に信頼されるようにならなければ、顧客のニーズを聞き出すことはできない。だから、顧客（見込み客）とできる限り親しくなろうとするのはわかる。問題はその次で、いきなり「これくらいの保障額でいかがですか」と設計書を持ってきて検討を促し、契約にもっていこうとする。定期付終身保険の自在性を生かすのならば、本当はここからが重要なのだが、入社した営業職員の一割しか戦力にならないような世界でオーダーメード販売を期待するのが無理なのかもしれない。ただ、この時点では顧客が不満を感じることはない。かつてであれば、そのまま気付かずに過ぎたのだろう。

しかし、近年のように様々な情報が飛びかうようになると、加入当時には気付かなかったものが見えてくる。レディーメードの商品では、例えば死亡保険金が五〇〇〇万円ならば、たいてい掛け捨ての定期特約部分が大半を占め、必要な時に老後の生活資金源として活用できる部分はほとんどないことが多い。この一番基本的な部分をも理解していないケースが結構多いようだ。顧客は毎月何万円も払うのだから、少しはお金が貯まっていると考えてしまいがちだ。現実には三〇年経っても一〇〇万円程度のキャッシュバリューしかなかったりする。

定期特約部分は一〇年ごとに更新され、そのたびに保険料が上がるタイプ、終身部分の保険料の払い込みは当初一〇年間や一五年間がその後の期間よりも低い「ステップ払込方式」であることも多い。だが、当時の設計書には当初の保険料と更新後の保険料が別のところに書いてあったはずだ。八〇年代後半に更新型の定期付終身保険が各社の主力になったため、一、二年前から最初の更新時期に入っている。ここで初めて保険料が上がることに気付く契約者が多く、各社の契約不振に一役買っている。販売時にきちんと説明しなければ問題になることくらいわかりそうなものだが、業界ではそもそも一〇年後の更新時を迎える前に契約転換するので大丈夫と考えていたらしい。

ほかにも、設計書に明記された配当金額が単なる見込みにすぎなかったとか、特定疾病保険金を受け取ったら死亡保険金を受け取れなくなるとか、がん保障といっても皮膚がんは含まれていないとか。これらのことを顧客が知った時、果たしてどのように考えるだろうか。まずは保険会社にだまされたと思うに違いない。

最近の大手生保の販売戦略を見ると、様々な仕掛けがあるが、結局は死亡保障の大型化と転換促進でしかない。目先の業績が持ち直したとしても、本格的な回復とはならないのではないか。

◇転換問題について

九九年に朝日新聞が転換セールスの問題についてキャンペーン的に取り上げ、反響を呼んだ。

あらためて「契約転換制度」について説明すると、すでに加入している契約を解約せず、その契約の保険料積立金を利用して同じ会社の新しい保険契約に加入できるというもの。一九七六年に初めて登場し、多くの会社が導入している。結婚や子供の誕生などライフサイクルの変化により保険ニーズが変わり、既契約の保障内容ではうまく対応できない場合に、この制度が利用される。似たような制度に、定期保険を特約として中途付加する「中途増額制度」がある（七五年に導入）。

転換のメリットとしては、解約して新たな保険に入る場合に比べ、解約時の解約控除（＝ペナルティー）をとられない、長期継続契約に支払われる配当金の権利が続く、などがあげられる。新たに別の保険に入るよりも、契約が一つにまとまるので管理するのが簡単という効果もある。

ただ、契約転換は、あくまで新たな条件で新たな保険に入り、その際に既契約の保険料積立金を利用するというのがポイントだ。既契約の条件が引き継がれ、新たに保障額を加えるのではない。この点が、今の転換セールス批判の原因になっている。

朝日新聞の指摘を私なりに解釈すれば、①転換よりも有利な保険の見直し策（中途増額制度など）があるのに顧客には転換しか勧めない、②転換セールスが保険会社の逆ざや対策に使われている疑いがある、ということだと思う。

①の指摘はケースにより様々だろう。例えば、終身部分の金額が大きい定期付終身保険では、予定利率が高い時代に契約したものを転換するよりも、中途増額を利用した方が顧客に有利なことが多いだろう。だが、各社が主力にしている高倍率型（定期特約部分が終身部分の二〇倍や三〇倍など）のもので

は、予定利率以外の保険料基礎率が改定されているため、転換した方が有利かもしれない。近年、予定利率が何回も引き下げられたが、そのままでは大幅な保険料の引き上げにつながるため、保険会社は付加保険料（会社の経費を賄う部分）などを値下げしているのである。

もっとも、予定利率が関係するのは終身部分、付加保険料が関係するのは定期特約部分と割り切れば、本当は定期特約部分だけを転換できれば問題はほとんど解決するはずだ。高い予定利率の契約を温存したうえで、値下げしたあとの定期特約を享受できる。それが、「セット商品」だからできない、というのがわからない。

そもそも、契約転換制度ではどうして既契約の条件が引き継がれるかたちの転換がないのだろうか。システム上の管理は大変そうだが、新たに加わる部分についてだけ新しい条件で契約するという制度があっていいと思う。

他方、②は記事にもあったように、営業職員レベルではなく会社ぐるみで進めているケースがないとは言えない。高止まりしている平均予定利率を下げるには、予定利率の低い新規契約を増やすか、過去の高い利率の契約をなくすしか方法はない。さすがに大手生保では終身保険から終身保険、個人年金から個人年金といった露骨な転換は行っていないようだが、一部では過去に傾斜した貯蓄性の高い商品の転換や解約を意図的に進めているという話もある。監督当局はどこまで把握しているのだろうか。

契約転換制度は、本来は顧客の利便性を考えて導入されたものである。だが、結果的にはやはり保障の大型化を進めるための強力な武器として活用された。その証拠に、保険料が引き下げられると転換契約の純増加率が急に上がる傾向がある。保障ニーズは個人により違うはずなのだから、これは保険会社が値下げとともに契約の転換を強力に推し進めてきたからにほかならない。顧客にきちんとした説明をせず、会社本位の販売姿勢を続けてきたのが問題なのであって、朝日新聞を間違っていると批判するのはずれている（もっとも、業界が正面切って反論したものを見たことはないが）と言わざるをえない。

◆企業年金の流出

大手、中堅生保への不信感は個人の顧客ばかりではない。厚生年金基金や税制適格年金、共済年金など生保に年金資金の運用を委託している機関の生保離れにも、歯止めがかかる兆しが全く見えていない。

生保は信託銀行、投資顧問会社と並ぶ企業年金の受託機関であり、最近までは受託残高を順調に伸ばしてきた。例えば、ピーク時（九六年三月期）には厚生年金基金の資産の三九％を運用していた。だが、ここ数年は生保から年金資金の流出が続いている（九八年度は二九％まで低下。実額でも一五兆円を割り込んだ）。流出の主な原因は、数次にわたる予定利率の引き下げと、生保の経営内容への不安からだ。

生保の企業年金（団体年金保険）は利回り保証タイプの一般勘定と、運用実績で利回りが決まる特別勘定がある。このところ特別勘定が伸びているとはいえ、受託残高は一般勘定の方がずっと大きい。例えば日本生命の場合、九九年三月期の団体年金保険の残高一一兆円のうち約八兆円が一般勘定で、特別勘定はまだ三兆円強にとどまっている

厚生年金基金、税制適格年金　日本の企業年金制度は厚生年金基金と税制適格退職年金（適格年金）が柱となっている。厚生年金基金制度は厚生年金保険法に基づき、企業が主体となって設立された特別法人「厚生年金基金」が運営する年金制度。国が支給する老齢厚生年金の一部を代行する機能もある。加入者数は1,200万人強で、資産残高は51兆円に達する。基金の形態には１企業が設立する単独型、複数企業が設立する連合型、業界団体などを中心に設立する総合型がある。他方、適格退職年金制度は法人税法施行令に定める適格要件を満たした年金制度。厚生年金基金と異なり特別法人ではなく、企業独自の年金制度である。加入者数は1,000万人強で、資産残高は20兆円弱となっている。

図表３－４　厚生年金基金の運用機関別資産残高の推移

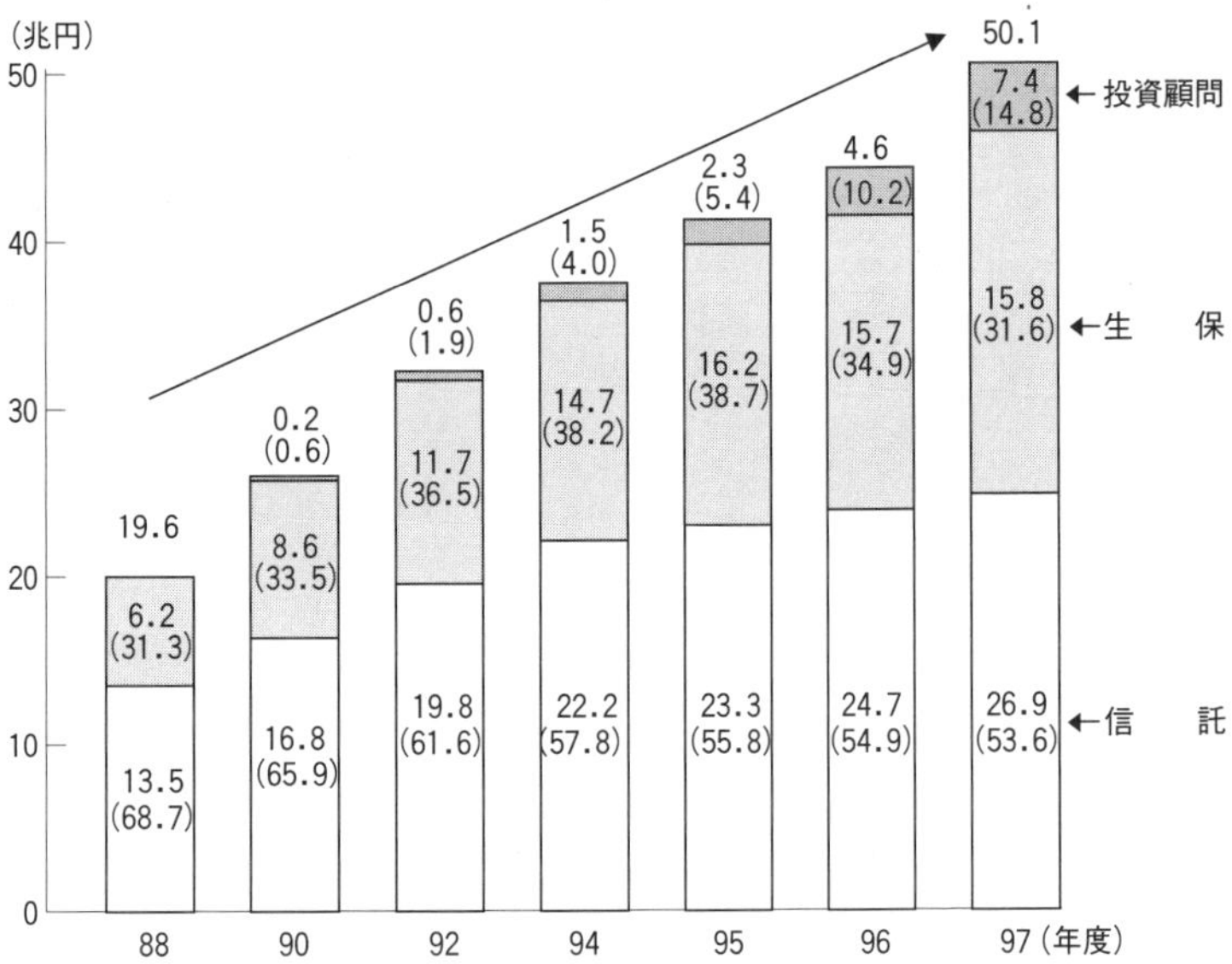

（注）（　）内は％。資産の評価方法は、96年度までは簿価、97年度は時価。投資顧問には自家運用を含む
（出所）厚生省年金局調べ

(他に系列の投資顧問会社でも年金資金を受託している)。このうち流出が続いているのは一般勘定だ。

生保一般勘定は九四年三月期までは予定利率が五・五％に固定されていた。しかし、金利低下に耐え切れず、九四年四月には四・五％へ、九六年四月には二・五％へと利率が引き下げられた。特に二回目の引き下げは二％と大幅だったこともあり、年金福祉事業団が生保一八社に委託していた約五兆円の資金（一般勘定分）をすべて解約するなど影響が大きく、生保の総資産は戦後初めて減少に転じた。九九年四月からは大手七社がさらに利率を一・五％まで引き下げており、一般勘定の特性である「利回り保証」が全く意味を持たなくなっている。

もう一つの引き金は、日産生命の経営破綻である。年金資金を信託銀行や投資顧問会社に委託した場合には、仮に運用機関が倒れても、顧客の資産はともに信託勘定で分別管理されており問題はない。だが、生保では年金資金といえどもあくまで生保の資産であり、顧客は生保が破綻するリスクを負っている。日産生命の破綻処理では団体年金にも早期解約控除が課せられ、当分の間はペナルティーを支払わない限り解約できなくなってしまった。これでは、経営内容の悪化している生保に資金を預けるわけにはいかず、信用力の低下している生保からの資金流出が決定的になった。実際、格付けの低い生保ほど団体年金の解約が目立っている。

年金運用ビジネスは今後の高い成長が見込める分野だが、生保はそのスタート時点でつまずいてしまった。

◇団体年金保険の問題点

年金資金の生保離れを引き起こしたきっかけは、一般勘定の利率引き下げと生保の経営不安だが、そもそも団体年金保険という商品には根本的な問題がある。

年金資金を預ける立場からすれば、生保でも信託銀行でも年金資産の運用を委託したものと考えるのが普通だろう。しかし、生保の団体年金保険は一般勘定でも特別勘定でもあくまで生命保険（生存保険の一種）なのだ。つまり、顧客は保険料として資金を預け、運用成果を保険金として受け取っているのである。

資産運用契約ではなく保険契約だからこそ、日産生命の破綻処理では顧客が運用リスクを負っている特別勘定でも早期解約控除が課せられた。忠実義務や注意義務など運用機関の受託者責任に関する規定も存在しない。生命保険契約は現金で保険料を納め現金で給付を行うこととされているため、証券の現物での移管ができず、いったん現金化しなければならない。年金運用業務を現行の保険業法の枠組みで扱うから、様々なところで無理が生じているのだ。

一般勘定の問題点として常に取り上げられるのがディスクロージャーの不足である。九六年四月に区分経理が導入され、社内的にはいわゆる「どんぶり勘定」ではなくなった。かつては個人保険に帰属する資産含み益を団体年金保険の逆ざや補塡に活用していた疑いもある。当時はすべて合同運用だったので、五・五％の保証利回りと引き換えに、実際の運用成果はベールに包まれていた。だが、現在もディスクロージャーが十分だとは言い難い。経営内容に加え、一般勘定の運用成果や区分経理相互間の関係(特に団体年金区分と全社区分)などが問題とされている。

なお、一般勘定は生保にとっても問題が大きい商品だ。一定期間を経過した契約はいつ解約されるかわからないし、解約時のペナルティーもない。信用リスクに問題がない生保ならば、顧客は一般勘定をキャッシュ代わりに使える。運用成績がよければ配当として上乗せされることもあるし、ほかに有利な先があれば解約しても損にはならない。

特別勘定についても問題が大きい。特別勘定は利回り保証がなく、顧客が運用リスクを負っている。にもかかわらず、現行法規では特別勘定に優

運用機関の受託者責任　企業年金の資産運用に関する規制緩和が進み、裁量の範囲が拡大するにつれて、運用を受託する運用機関の受託者責任が重みを増している。受託者責任の中核は、運用委託を受けた企業年金の利益のみに専念するという「忠実義務」と、職務遂行上一定の地位や職責にふさわしい十分な注意を払う義務である「注意義務」の二つである。ところが、保険業法には受託者責任を直接規定した条文がない。特別勘定には「誠実運用義務」が設けられているが、その内容は必ずしも明らかではないという指摘がある。

先権（先取り特権）がなく、一般勘定と同じように生保の破綻リスクを抱えなければならない。最悪の場合には、預けた資金が一割カットされたうえで早期解約ペナルティーが課せられる。

ただし、現状の特別勘定の内容で優先権を付与するのは難しいだろう。特別勘定はあくまで一般勘定の特約という扱いであり、特別勘定の資金といっても本来の意味での分別勘定ではない。例えば、顧客からの資金はまず一般勘定で受けて、それから特別勘定に移るしくみになっている。これでは、特別勘定に預けたはずの資金が、破綻時にはまだ一般勘定に残っている可能性がある。いずれにしても、一般勘定との障壁を高くしなければ、特別勘定への先取り特権は実現しないだろう。

区分経理　変額保険や利回り保証のないタイプの団体年金保険などを除き、生保ではすべての商品を一般勘定で合同経理していた。いわゆる「どんぶり勘定」で、個人保険から団体年金への補塡など経理の不透明性が指摘されてきた。このため、96年4月から区分経理が導入され、商品特性などに応じていくつかの群団に区分し、それぞれの区分ごとに財政状態や損益を分別管理することになった。ただ、区分経理の中身についてはディスクローズが少ない。団体年金区分の運用状況は年金基金に開示されているが、損益などは開示されていない。特定の商品区分に属さない全社区分の開示は全くなく、外部からは依然「どんぶり」のままである。

■インタビュー■

生命保険のここが問題――高橋伸子氏（生活経済ジャーナリスト・金融審議会委員）に聞く

植村　最近どうして生保への風当たりが強いのでしょうか。

高橋　生命保険は他の金融商品に比べると、用語とかしくみが複雑でわかりにくい商品ですよね。そこで保険会社は昔から「複雑な商品なので、プロに任せなさい」と言います。ところが、信頼して任せたのにもかかわらず、気がついたらどう見ても不要な保障を勧められていた。このようなセールスへの反感が非常に高まっています。

植村　セールス方法に問題があるのですか。

高橋　生命保険は顧客の無知に乗じた不適切な勧誘がされやすい商品です。だからこそモラルを持ったセールス活動が必要なのに、保険を募集する営業職員などは基本的に個人事業主ですから、自分の利益を優先させることになりがちです。その結果、会社の信頼も失墜させるし、顧客にも損をさせるという事態が生じています。

植村　募集人に問題があるのですか。

高橋　営業職員の問題は会社の責任です。募集人には契約締結権がありませんし、あくまでも問題は保険会社の営業姿勢です。

会社にとって契約をとってくる募集人がいい募集人なのです。「白い猫でも黒い猫でも、ネズミを捕ってくる猫がよい猫だ」といった中国の経済発展推進者みたいな感覚が、日本の生保経営になかったとは言えないでしょう。

すでに七〇年代後半には、生保の世帯加入率は九割を超えていました。本当は高齢化社会に向けて方向転換しなければいけなかったのに、歴史ある保険会社はどうも旧来の路線を続けてきたようです。ですから、販売体制が今の時代に合っていないのです。

全くの新規契約の獲得を業界用語で「白地」と呼ぶそうですが、この普及率ですから、「白地」の人はほとんどいません。自社の契約者に転換してもらうか、他社から契約を略奪してくるしかないような状況です。こうした顧客不在の契約獲得競争が延々と二〇年以上も行われています。

例えば、契約転換を勧めるにしても、なぜ転換を勧めるかという肝心の点が抜け落ちています。会社の都合が優先されていて、本当の顧客ニーズではないケースが目立ちます。八〇年代はまだ日本経済が好調で、個人も財布が膨らんでいて、あまり疑いもしなかったのでしょうが、そのつけが九〇年代になって出てきましたね。

植村　いわゆる「生保離れ」ですか。

高橋　最近の死亡保障の落ち込みは、かつて保険会社に勧められるままに加入した必要以上の保険を、自分のニーズに近い金額に直しているためです。これは「生保離れ」ではなく、適正な水準に近づいているということでしょう。いわば死亡保障バブルが吹っ飛んでいるわけです。

各社は近年、介護保障や慢性疾患など生前給付型の商品に力を入れていますよね。生前給付といっても死亡保障の前払いでしかなく、結局は単価の高い死亡保障です。でも、適切なセールスが行われず、契約者がこれを死亡保障と見ていないとすると、いずれは大きすぎる死亡保障を見直す時期が来るでしょう。いわば、第二の死亡保障バブルと言うべきでしょう。

こうした問題を保険会社に話すと、「上手に付加価値をつけて売るのが保険の商売だ」などと言われたりします。国営事業ではないし、ボランティアでもないと。

植村　朝日新聞が契約転換について取り上げ、生保販売に関するトラブルが社会問題となりました。

高橋　この件は、国民生活センターや各地の消費生活センターが苦情処理事例を積極的に開示したのが効いています。記事が呼び水になり世論が高まって、「私も」「私も」というように広がっていったのです。契約転換全部がダメではありませんが、確かに悪質な転換セールスもある。金融監督庁が省令を作るところまでいきましたので、それなりに効果はあったのかなと思います。

ただ、その後の各社の動きを見ると、本当にいい方向に進んでいるのか疑問に感じます。業界がガイドラインを出し、それに沿って各社が改定した説明書などの資料を見ると、あまりにわかりにくくて私などはめまいがしてしまいます。顧客ばかりでなく、販売する営業職員も説明しきれるとは思えません。細かい情報が小さい字で羅列された資料を顧客に渡し、これで保険会社が「説明しましたよ」と言うのであれば、ずいぶんと顧客をないがしろにした話だと思います。

植村　なかなか生保が信頼を回復するのは難しそうですね。

高橋　例えば、今回の説明資料に関してであれば、「こういう理由で過去の保険を下取りにして、新しい保険にした方があなたにとってメリットがあります」という、転換を勧める理由をきちっと書くべきではないでしょうか。

また、これだけ営業職員とのトラブルがあったのですから、本社のお客さま相談室の番号を示して、「ご不明な点は本社にお問い合わせを」とすべきです。保険会社は、顧客が営業職員の説明だけでは納得しなくなっている状況に対処すべきです。

一番いいのは、営業職員がコンサルティングセールスをしたあとで、会社の内勤職員がもう一度確認することです。「こういう契約内容になっていますけれど、納得していますね」と。営業職員が説明した内容が顧客に理解されていて、この契約は大丈夫だということを、会社は確認できると思うのですが。とにかく、募集人まかせでは、なかなか信頼関係は戻らないと思います。

植村 それでは、販売に関わるトラブルに対処するにはどうしたらいいのでしょうか。

高橋 まず、申し込んでしばらくしたら保険証券が届きますよね。その段階で契約者は証券をきちんと見て、わからないことをもう一度たずねたり、もし頼んでいないような特約がついていると思ったら、説明を求めることです。

しかし、素人が保険会社に交渉しても難しいのが現実です。朝日新聞が「転換報道」で取り扱ったトラブルは、契約者が会社と渡り合ってダメだったものが、消費生活センターなどに持ち込んで、プロが交渉したら保険会社が非を認めたという事例が多いようです。現状ではそうしたプロを頼るのが一番かと思います。

現在、イギリスのオンブズマン制度のような裁判外紛争処理制度を作るべきだという声が高まっています。いくら金融サービス法を作っても、法廷で争うにはよほど大きな被害でないと時間もお金もかかり、現実的ではありません。

顧客にとって、保険会社は利害関係のある相手です。「だまされた」と思ったら、もうパニックになってしまい、会社が言っていることは全部悪意に聞こえてしまう傾向があります。消費生活センターなどに持ち込まれる苦情にも、会社が悪いものだけではなく、顧客が誤解しているケースも結構あります。会社が説明したことを相談員が翻訳してあげると、「わかりました、私が間違っていました」となることも多いのです。これが中立的な紛争処理制度に期待されている役割です。

逆にそういうものがあれば、消費者は何かあった時にはそこに行けばいいということになり、安心して保険を買えますね。

植村　監督官庁の役割についてはいかがですか。

高橋　ニューヨーク州やカリフォルニア州などでは監督機関自体が苦情を受け付けていて、件数も公表しています。ニューヨーク州では、過去三年間の苦情件数が個社ベースでインターネットで公開されています。

ところが日本では、消費者の苦情受付は金融監督庁の業務から外れています。監督機関そのものがきちんと苦情を受けて、はじめていい監督ができるのだろうと思うのですが。

顧客もある程度は勉強しないといけません。監督機関は業者を監督する一方で、消費者教育にも関わるべきです。イギリスでは、金融監督庁が消費者教育のリーダーシップをとって、学校や消費者団体、業界とともに賢い消費者育成に力を尽くしています。そうすると、めくらまし的な複雑なパッケージ商品は販売しづらくなります。消費者志向の保険販売をしない会社は次第に淘汰されるでしょう。

植村　ところで、東邦生命のように破綻したり、経営内容が悪化している会社もあるわけですが、その点はどうしたらいいのでしょうか。

高橋　普通は経営指標など見慣れていないし、なかでも生保の決算は非常にわかりにくいですよね。一般の方が会社の経営内容を知りたい時には、支払い余力や資産含み益も大事でしょうが、マスコミや格付け機関、監督官庁が出した情報を見ながら総合的に判断していく以外にありえないと思います。

本当に必要なディスクロージャーは、商品に関することでしょう。保険を選ぶための情報を会社は上手に伝えていませんね。何でも羅列して出せばいいと思っているようです。自分のニーズに合った商品が選びやすいような情報を出して欲しい。

ディスクロージャー誌は立派な体裁ですが、会社のイメージしかわかりません。どの会社も経営内容が健全で顧客志向だと書いてある。非常にずれている感じがします。

植村　最後に契約者へのアドバイスをお願いします。

高橋　「わからないから営業職員にお任せ」というのは困ります。会社のいいようにされないためには自分のニーズをきちんと伝え、商品選びに必要な情報を出させるように態度を変えるべきでしょう。これからは保険も商品としてとらえ、価格と品質とアフターサービスを見るという習慣をつけることです。

また、生命保険は超長期にわたるので、今の情報だけでその会社がいいかどうか判断できません。会社は「全部うちにまとめてくれれば保険料が安くなります」と宣伝していますが、囲い込みに対する警戒感をある程度持った方がいいと思います。

（一九九九年十一月二十九日、日本格付投資情報センターにて）

2　行政の変化

◆護送船団から自己責任へ

一九九八年六月に金融監督庁が発足し、保険行政の枠組みが大幅に変わった。それまでは大蔵省（銀行局保険部）が事業運営のルール作りから商品や保険料率の認可、保険会社の監督、指導までを一手に担ってきたが、現在では大蔵省（金融企画局）がルール作りを担当し、金融監督庁（監督部保険監督課）が商品認可や保険会社の監督を行うようになった（なお、二〇〇〇年七月からは大蔵省金融企画局と金融監督庁が合流して発足する「金融庁」が保険を含めた金融行政を担当する）。

行政の担い手が変わっただけではなく、ここ数年の間に行政の中身も大きく転換した。いわゆる「護送船団方式」は日産生命の経営破綻とともに名実ともに過去のものとなり、事後チェック型のソルベンシー規制とセーフティネットを活用した契約者保護を中心とする行政の枠組みが整備されつつある。

九六年に改正保険業法が施行されるまでは、戦前の一九三九年（昭和十四年）に全面改正された保険業法のもとで監督指導が行われていた。それ以前は自由競争を基本とする枠組みがとられ、料率や配当に関する規制は比較的緩やかだった。だが、金融恐慌をきっかけに当時の五大保険会社（日本、明治、帝国、第一、千代田）へ契約が集中し、さらに戦時体制への移行で価格競争が抑えられ、自由競争よりも安定性を重視する体制になった。そして、この「護送船団方式」が戦後五〇年間も続いたのである。

旧保険業法下で大蔵省は保険会社の経営全般に対し強い権限を持ち、事業の開始から業務運営、経営不振会社に対する最終的整理や統合にいたるまで、経営のあらゆる段階において具体的に介入していた。大蔵省は、経営危機に陥った会社の保険契約を強制的に他の保険会社に包括移転できる強権も持っていた（九五年の改正で廃止）。

外圧により徐々に変わってきていたものの、保険市場への新規参入は困難だった。料率競争や商品差別化はほとんどなく、契約者への配当は横並びだった。各社の経営戦略は必然的に販売組織の拡大に向かったが、ここにも規制の網がかぶせられた。この結果、大手を中心とした業界の協調体制がとられ、確かに五〇年の長きにわたり保険会社の経営破綻はほとんどなかった。

ただし、日産生命を債務超過状態になってから数年間も放置し、その間も新契約の募集や契約者への配当を認めたのは、裁量行政がうまく機能しなかった典型的なケースであろう。販売コストの高止まりも護送船団行政の弊害だ。

金融大競争の世界では、公正で公平な競争環境を作ることと、顧客を不当な競争から保護することが行政の役割である。かつてのように業界の協調体制に軸足をおくわけにはいかない。

◆九五年の保険業法改正

行政の変化を見るうえで重要な出来事は、やはり九五年の保険業法改正だろう。改正の柱は、「規制緩和・自由化の促進」「保険業の健全性の維持」「公正な事業運営の確保」の三点で、いずれも改正直後の変革は不十分だったが、その後の方

金融恐慌　昭和初期（1927年）に起きた金融恐慌。第一次世界大戦後に発生した資産バブルが崩壊し、台湾銀行をはじめ多くの銀行が経営難に陥り、各地で預金の取り付け騒ぎが発生した。政府は３週間の支払い猶予令を公布し、日銀による特別融資と銀行資本の損失補償を行い、恐慌を終息させた。金融恐慌をきっかけに三菱、三井、住友、安田、第一の五大銀行に預金が集中し、金融資本が確立することになった。

向性という点で重要な意味を持っている。

「規制緩和・自由化の促進」では、子会社方式による生損保の相互参入が実現し、商品や料率の一部に届出制が導入された。その後、自由化のスピードは加速している。日米保険協議の決着で九八年七月から損害保険料率の自由化（算定会料率の使用義務撤廃）が実現し、生保でも健康体保険や通販による低価格商品など商品の多様化が急速に進んでいる。日本版ビッグバン構想により業態間の垣根が低くなり、近い将来には銀行による保険販売も実現する。

「保険業の健全性の維持」では、行政が保険会社の経営危機を未然に防止する指標としてソルベンシー・マージン基準が導入された。この指標はその後、早期是正措置の発動基準として明確に位置づけられた。また、経営危機への対応として保険契約者保護基金に関する規定が整備された。だが、九七年の日産生命の破綻処理で保護基金の二〇〇〇億円を使い果たしてしまい、九八年十二月には新たに全社強制加入の生命保険契約者保護機構が設立された。

「公正な事業運営の確保」では、経営チェック機能の強化とディスクロージャー規定の整備が盛り込まれた。保険会社自身によるチェックとして、保険料の計算など保険数理に関する事項を担当する保険計理人の責務を強化し、相互会社の場合は社員である保険契約者の権利も充実させた。さらに、保険業法一一一条には「保険契約者が保険会社の健全性を判断しうる材料を提供しなければならない」とディスクロージャーに関する規定も明記された。確かにディスクロージ

保険計理人　保険数理に関する専門知識を持つ専門職を「アクチュアリー」と言う。このうち、保険業法の規定に基づき、保険数理に関する事項を担当する者として選任されたアクチュアリーを保険計理人と言い、取締役会で選任する。保険計理人は、責任準備金が健全な保険数理に基づいて積み立てられているかどうかを確認し、その確認結果を記載した意見書を取締役会に報告する義務がある。

図表 3 - 5　「実質債務超過」基準の試算(99年 3 月期)

(単位：億円)

	資産の含み損益	有価証券	不動産	広義の自己資本	時価ベース純資産	対総資産比率(%)
日本	44,737	41,344	2,827	22,468	67,205	15.7
第一	15,476	14,894	566	15,127	30,603	10.3
住友	222	1,802	▲1,624	12,308	12,530	5.2
明治	10,641	10,102	585	9,353	19,994	11.6
朝日	1,406	▲870	2,230	6,064	7,470	6.1
三井	437	646	▲268	4,416	4,853	4.8
安田	1,709	1,552	108	6,012	7,721	7.9
太陽	2,955	2,723	▲24	4,033	6,988	10.0
大同	2,717	2,415	74	3,718	6,435	11.7
協栄	▲1,292	▲1,372	307	2,576	1,284	2.5
富国	2,326	1,029	1,111	1,990	4,316	9.7
千代田	▲1,710	▲1,607	▲66	2,115	405	0.9
日本団体	▲1,061	▲750	▲120	1,388	327	0.9
第百	▲1,633	▲1,469	44	1,230	▲403	▲1.6
東京	39	▲734	786	556	595	4.8

(注)不動産含み損益は富国（路線価）を除き公示地価。広義自己資本は太陽、大同、富国を除き試算ベース

(出所) 日経公社債情報

ャーはかつてに比べれば充実したが、保険計理人制度や社員総代会などをはじめ、実質的な経営チェックが働くしくみになっているとは依然考えられない。

◆規制緩和・自由化だけが先行

こうして振り返ってみると、九五年の改正保険業法では今後の行政の方向性が示されたとは言えるが、現状は「規制緩和・自由化」だけが先行している。「健全性の維持」は後手に回っている感が強く、「公正な事業運営」に関しては評価に値するような改革がほとんど見当たらない。

例えば、現在の健全性確保の枠組みである早期是正措置だが、うまく機能していないのは九九年六月の東邦生命破綻からも明らかだ。発動基準の一つであるソルベンシー・マージン比率は、劣後ローンの取り入れや期末のヘッジ取引などで比較的簡単に数字をかさ上げ

することができる。早期是正措置が発動されるラインである二〇〇％を上回っていたとしても、大幅な債務超過に陥っている場合もありうるのだ。

なお、公表されていないが、二〇〇〇年三月に大正生命保険に早期是正措置が発動された。監督当局は発動の事実と内容を公表すべきと思うのだが、契約者の動揺を恐れたのだろうか。しかし、この種の情報を隠し通すのはほとんど不可能であり、かえって契約者が不安になるのではないか。

もう一つの「実質債務超過」基準は有価証券や不動産の時価評価を中心としたもので、将来のフローの赤字は反映されない。何よりこの基準を発動するかどうかは当局の裁量に委ねられており、少なくとも九九年三月期には使われておらず、どういう局面で発動するのか全くわからない。

経営破綻時のセーフティネットもうまく機能していくかどうか重大な局面にある。生命保険契約者保護機構は業界が拠出する四六〇〇億円が財源だが、東邦生命の破綻処理でかなり使ってしまった。経営内容が悪化している生保が何社もあるなかで、仮に四六〇〇億円を大きく上回る資金が必要になった場合、業界負担一〇〇〇億円の積み増しと引き換えに時限的に公的資金の投入ができるところまで議論が進んだ。ただ、公的資金枠が決まったとしても、具体的には実際に何か起きてから対応することになる。

◆お粗末な経営チェック

他方、「公正な事業運営」は契約者を守るために欠かせないが、保険業法の改正後も実効性のある施策がとられていないように思える。保険会社への経営チェック機能は実質的に何も変わっていない。

例えば、保険業法改正で保険計理人の責務を強化し、保険計理人は責任準備金が適正に積み立てられているか、剰余金の分配が適正に行われているかなどを確認し、取締役会に報告することになった。保険計理人が経営チェック機能を果たすには、保険計理人の独立性が確保されていなければならない。ところが、保険計理人は保険会社の社員や取締役であり、会社によって選任される存在だ。しかもアクチュアリーとして責任準備金の計算自体にも関わっていることが多い。これで経営のチェックができるのだろうか。バブル期に不動産関連投融資に走り、その後大量の不良債権を抱えた金融機関では、融資部門と審査部門が同一セクションだったため、牽制機能が働かなかったという例がしばしばあった。経営内容が悪化したギリギリの場面で、社員や経営者の一員である保険計理人が、経営者の意図に反した厳しい意見書を本当に提出できるのだろうか。会社と無関係の第三者を絡ませるか、経営内容を全面的に開示して市場に委ねるしかないのではないか。

社員総代会やディスクロージャーなども公正な事業運営を確保するにはかなり改善の余地がある。そもそも相互会社だからと言っても、契約者（＝社員）には経営に参加しようという気持ちはない。その代表（社員総代会）が会社の最高意思決定機関というところに無理があるし、実質的に経営者が総代を決めているのならば、なおさら経営チェックなど期待できない。日産生命や東邦生命の社員総代会がどのような役割を果たしたというのだろうか。また、少数社員権が行使できるようになっても、会社の経営内容がよくわからなければ活用のしようがない。

また、経営内容の健全性とともに、顧客に合った商品やサービスの提供も「公正な事業運営」の重要な柱だが、この点はむしろ状況が悪化している。九五年の業法改正とその後の規制緩和の進展で、商品や保険料率の多様化は急速に進んだ。顧客の立場からすると、会社が提供する商品やサービスは総じて複雑化する方向に動いているようだ。保険は目に見える商品ではなく、すぐに効用が得られる性格のものでもないため、従来からしくみが理解しにくい代表選手だった。最近の自由化で状況はさらに絶望的になったと言ってもいい。

例えば大手生保が扱っている定期付終身保険に特約をいくつも重ねたような商品を、顧客はどこまで理解できるのだろうか。医療保険では一泊二日の入院もカバーするものから終身ものまで、このところ新商品ラッシュが続いている。近年登場している、一定期間の解約返戻金を少なくして保険料を安くした商品も、顧客がちゃんと理解しているかどうかが最大のポイントだろう。

生保の営業職員や専属代理店は所属する会社の商品しか扱わないので、うがった見方をすれば、会社が売りたい商品しか勧めないかもしれない。複数の会社の商品を扱う乗合代理店は一見中立的だが、ひょっとしたら手数料の高い商品を勧めてくる可能性がある。疑えばきりはない。これに対し、一定の期間内であれば保険の申し込みを撤回できる「クーリング・オフ制度」が法定化され、最近では金融監督庁が契約転換制度などについての業務規制を強化している。顧客が勉強する必要もあるが、これらに加え、長期にわたり有効で、かつ会社の責任を法的に問えるような契約者保護策を整備すべきだろう。また、顧客が相談できる公正中立な機関の充実も欠かせない。もちろん苦情処理は個々の会社がまず取り組む話だが、現在の顧客の不信感を考えると、何か手を打つべきだ。

◇公的資金の導入

契約者保護という面で、経営内容の悪化した生保をどうするかという問題も重要かつ緊急の課題だ。

大手、中堅生保の経営内容は全般的に悪化傾向というが、そのなかで会社ごとの格差が非常に大きくなっている。R＆I（日本格付投資情報センター）の格付けも、信用力が極めて高いという「ＡＡ」から、極めて懸念がある「ＣＣＣ」まで広がっている。特に、従来から支払い余力や収益力、資産内容が

図表３－６　倒産法制の整備

	現　　行	見直し後
再建型倒産手続き	・保険相互会社には会社更生法の適用がない（保険業法に基づく行政手続きのみ）	・保険相互会社に更生手続きを適用
保険契約者の手続きへの参加	・極めて多数の保険契約者が存在し、事実上司法手続きの適用は困難	・保険契約者保護機構による保険契約者の手続き代理
破綻処理の内容 ⑴債権者間の権利調整		
①一般債権者	・行政手続きでは、一般債券の縮減は困難	・司法手続きのなかで、一般債券の縮減が可能
②保険契約者	・保険契約者に対する優先権なし ・行政手続きでは、予定利率の引き下げなどは、全部包括移転または合併の場合のみ	・優先権付与 ・司法手続きのなかで、予定利率の引き下げなどがより弾力的に可能
⑵保障の継続の方法	・受皿会社への全部包括移転、合併 ・保護機構による引き受け	・受皿会社への全部または一部移転、株式会社化による子会社化（株式取得） ・保護機構による引き受け（同左）
処理開始のタイミング	・現行の運用は基本的に債務超過後の対応	・司法手続き、行政手続きいずれにおいても、破綻処理に伴う社会経済的コストが大きくならない時点で対応 ⇩ ・債務超過の生ずるおそれの段階で、事業継続困難である旨の申し出を義務づけ ・会社自身または監督庁による更生手続き開始の申し立て

（出所）金融審議会資料

見劣りする会社ほど信用力の落ち込みが著しい。率直に言って、東邦生命に次ぐ会社がいつ現れても全く不思議ではないという状況だ。多少株価が上がったくらいでは焼け石に水である。現在の低金利が続くならば、徐々に経営が困難になる会社が増えていくことになろう。

九九年十二月には、金融審議会の「保険の基本問題に関するワーキング・グループ」で、保険会社に関わる倒産法制の整備についてまとめられている。将来、適正な責任準備金が積み立てられなくなると判断された会社に対し、更生手続きを開始するという内容だ。保険会社の健全性を確保するために必要なリスク管理のあり方についても検討されている。問題のある会社を早期に発見して立ち直らせ、回復の見込みがなくなった会社を早期に処理すれば、破綻に伴う契約者などの負担を少なくできる。

ただし問題は残る。保険業法を改正し倒産法制が整備されるのは、二〇〇〇年の夏以降になるが、その間に破綻会社が現れたらどうすればいいのだろうか。また、東邦生命の破綻処理で保護機構の資金不足がクローズアップされ、一〇〇〇億円の業界追加負担と引き換えに、いよいよ公的資金の投入が実行可能になるが、実際に必要となった時にすんなり使えるのかどうか、不透明感が強い。

生命保険は銀行のように決済機能を持たないため、金融システムと直接は関わらない。このため、銀行の問題に比べ後回しにされてきた感がある。しかし、これだけの普及率を考えると、生命保険の持つ保障機能は経済の重要なインフラとなっているのは明らかだ。また、顧客の自己責任と言われても、生保の経営内容がわかりにくいうえに、何十年も先の経営内容は誰にも予想できない。対症療法としては、保護機構への公的資金注入もやむをえないのではなかろうか。ただし、公的資金枠ができたのであれば、国民は生保各社への監視を強めるべきである。今のままでは経営者のモラルハザードが心配だ。

もっとも、いくら保護機構に公的資金をつぎ込んでも、生保を苦しめている逆ざやの問題は一向に解決しない。元を絶たなければならない。

日本での生保破綻の原因は、ＡＬＭの失敗に伴う逆ざや発生と、高い負債コストを賄うために実行したハイリスク・ハイリターン投融資の失敗である。現行の制度でも、例えば将来収支分析に基づく責任準備金のチェックが実効性のある形で行われていれば、これほどの逆ざやを招かなかったかもしれないし、ソルベンシー・マージン基準が銀行のＢＩＳ基準と同じ時期に導入されていれば、破綻生保の債務超過額がここまで膨らむこともなかっただろう。

世論には生保への公的資金投入を肯定する声は小さい。金融システムとの関わりなどというよりも、生保への不信感が極めて高まっているからであろう。経営内容の積極的な開示などもせず、単に公的資金を投入するだけで終わってしまっては、業界全体が顧客からの信頼感をますますなくすことになるだろう。場当たり的な対症療法ではなく、かなり踏み込んだ政策が求められている。

今からでも遅くはない。保守的な前提（純保険料式で積むという意味ではない。負債を少しでも時価に近づける形で）に基づいて責任準備金が十分積めるかどうか確認する。そのうえでソルベンシー・マージン比率を改善し、早急に問題会社を発見するしくみを作る。ここでは日産生命や東邦生命の反省を生かさなければならない。これらは基本的に公表を前提とする。公表により市場から退場する生保が出てくるかもしれないが、公的資金枠を設定し、契約を存続させつつ処理を進めるのが、結局は最も望ましいのではないか。

第4章

新世紀に向かって

1　生保の社会的役割

◇社会保障制度への不安

現在、日常生活で発生する様々なリスクに対する保障のしくみには、まず国の社会保障制度があり、これを補完するものとして民間の生命保険がある。

日本国憲法の第二五条では「すべて国民は、健康で文化的な最低限度の生活を営む権利を有する」と国民の生存権を保障している。さらに「国は、すべての生活部面について、社会福祉、社会保障及び公衆衛生の向上及び増進に努めなければならない」と社会保障制度の基本的な理念が明記されている。戦後五十余年の間に様々な社会保障制度が整備され、人が生まれてから亡くなるまでの一生涯の生活を支援する制度となっている。

ただ、一生涯の生活を支援すると言っても、社会保障が病気や負傷、介護、死亡、もしくは長生きなど個人のライフサイクルで発生する偶然の出来事による経済的な損失をすべてカバーしているわけではない。社会保障に死亡保障はない（遺族年金があるが月六・七万円が基本）し、医療保険は一～三割が自己負担である。ここに民間の保険制度が存立する意義がある。

現在の社会保障制度のうち、医療保険や公的年金、労災保険、雇用保険などでは社会保険方式が採用されている。社会保険は「大数の法則」の成立など民間の保険と似ているが、強制加入が原則であり、物価スライド制のように実質価値の維持を保障している。保険料の設定などで所得再分配の機能が盛り込まれているのも民間保険にはない特色だ。

しかし、急速な高齢化を踏まえ、社会保障制度の将来には根強い不安がある。厚生省の「一九九九年一月社会保障制度に関する調査」によると、社会保障制度の将来について現役世代の大半が不安に感じていると回答している。不安の理由としては、「確実に給付が受けられるかどうかわからない」「ますます負担が重くなる」「給付水準の引き下げや自己負担の増加」などが多い。厚生省の主張するように、適宜、制度の見直しを行っていけば国際的に見て突出した負担となるわけではなく、高齢者は「社会に支えられる存在」から「社会を支える存在」になっていくのかもしれない。しかし、いくらこのように高齢者のイメージを変えてみても、人口構成の変化という事実は動かし難い。九〇年代後半から進められている社会保障構造改革の本質は、高齢化に伴う給付水準の増大にどう対応するかである。医療保険での診療報酬体系や薬価制度などの改革も重要だが、いずれにしても今後の社会保障負担が増加し、一人当たりの給付が抑えられるのは明確である。その分は自助努力で補完するしかない。

図表4－1　国民負担率の推移

年度	国民負担率	租税負担率	社会保障負担率
1955	20.8	18.1	2.7
60	22.3	19.2	3.1
65	22.7	18.3	4.4
70	24.3	18.9	5.4
75	25.8	18.3	7.5
80	31.3	22.2	9.1
81	32.6	22.8	9.8
82	33.1	23.1	10.0
83	33.4	23.4	10.0
84	34.0	23.9	10.1
85	34.4	24.0	10.4
86	35.5	24.9	10.6
87	37.0	26.4	10.6
88	37.9	27.3	10.6
89	38.4	27.6	10.8
90	39.2	27.8	11.4
91	38.7	27.1	11.6
92	36.8	24.9	11.9
93	36.5	24.4	12.1
94	35.7	23.2	12.5
95	36.5	23.3	13.2
96	36.4	23.1	13.3
97	37.3	23.5	13.8
98	37.4	23.1	14.3
99	36.6	22.3	14.3

（注）国民負担率＝租税負担率＋社会保障負担率
（出所）大蔵省調べ

◇保障の担い手として

縮小する社会保障を補完する位置にある生命保険業界だが、戦後の混乱期以降、最大の危機に立たされている。第3章で述べた通り、保障の担い手としての機能を忘れ、会社本位の経営を続けたことが現在の苦境を招いている。

死亡保障市場の縮小傾向は当分続くだろう。もともと生命保険のニーズは潜在的なものだが、顧客の無知や無関心に乗じ、その掘り起こしをあまりに会社ニーズで進めてきた。このため、顧客には「保険はこれ以上いらない」という気持ちが極めて強いうえ、何か事件があるたびに不信感は強まっている。率直に言って、現在の生命保険というシステムは国民経済的に見て必要なのかどうか、その存在意義が問われるところまで来ていると思う。

例えば、逆ざやの問題に隠れているが、生保の付加保険料は他の金融商品とは比べものにならないほど高い。営業職員組織はこの付加保険料に支えられており、大型の死亡保障商品を販売しなければ、組織を維持できないというおかしな話になっている。だが、ダイレクト保険などの登場で、顧客は少しずつではあるがこのことに気がつき始めている。オリックス・ダイレクト保険は通販という低コストチャネルの活用で付加保険料を削減し、定期保険では最大三割近くの割引を実

大数の法則　一人一人の死亡は偶然の出来事だが、大勢になれば一定の規則性を示す。このような確率統計の性質を大数の法則と言い、保険制度を支える技術的な基礎となっている。大数の法則によって死亡率や事故発生率が設定され、それに基づき保険料が算定される。

付加保険料　保険料のうち、保険金の支払いに充てる部分の保険料を「純保険料」、保険事業を営むのに必要な経費の部分を「付加保険料」と言う。97年10月11日の「週刊東洋経済」では生保の付加保険料が取り上げられており、例えば定期保険では付加保険料が約50％にもなると書かれている（保険会社の選び方－初公開！生命保険「原価の秘密」）。

施した。これだけ見ても、付加保険料がいかに高いかがわかる。

いくつかの会社では保険料の安い団体保険を核にした販売チャネルに力を入れているところもあるようだが、大勢は営業職員チャネルにより単価の高い保険販売に邁進している。扱う商品は素人にはますます複雑でわかりにくくなっている。売り手にも理解できないくらい複雑な商品を「コンサルティング・セールス」するのが本当に顧客ニーズに合っているのだろうか。

しかも、保険料の内訳は全くのブラックボックスだ。生保業界は原価の開示には抵抗が強いようだが、手数料が全く開示されていない金融商品というのも珍しい（付加保険料は手数料ではないという業界からの声が聞こえてきそうだが）。生保事業と保険商品のわかりにくさや護送船団行政に加え、こうした不透明さが生保を市場の論理から遠ざけてきたのではないだろうか。さらに、大手、中堅生保の大半が市場チェックの効きにくい相互会社形態をとっていることも大きい。結局のところ、民間企業が保障事業を担うメリットであるはずの市場原理がうまく働いておらず、これでは民間でやっている意味がない。

近年、生活協同組合で扱う「共済」の加入者が急増している。死亡保障の上限が低いとか終身保障がないなど様々な制約があるが、しくみがわかりやすく割安感があることが人気の秘訣だろう。

私は民間の保障機能が不要だと主張しているわけではない。「貯蓄は三角、保険は四角」という言葉がある。いくら貯蓄で備えようとしても、まだ貯まらないうち

共済　保険に類似する制度。保険が不特定多数の顧客を対象としたものであるのに対し、共済は特定の集団に属する構成員のみを対象とした相互扶助制度であり、農協や生協など各分野の協同組合を母体としている。JA全共連（全国共済農業協同組合連合会）のように大手生保に匹敵する事業規模の共済もある。

に発生した損失には対処のしようがないが、保険では加入してからすぐにでも損失に対応できる。

今後も生保が社会保障の補完的な役割を果たすためには、保障産業の原点に帰る必要がある。まず、初めから商品をセットで販売するのではなく、顧客が理解できるような商品を中心に販売する。そして情報開示を進め、募集コストや保険会社の取り分をある程度明らかにすべきだろう。残念ながら、そのような動きはほとんど見られない。もっと追いつめられないと変われないのだろうか。

◆資産運用業務の担い手として

生命保険会社のもう一つの顔は資産運用業務の担い手としてのものである。

生保の保障業務と資産運用業務はいわば経営の両輪である。保険料を受け取り、保険金を支払うといった保障業務は、保険料の積立金を運用しなければ成り立たない。最低でも予定利率に見合うだけの運用収益を上げなければ逆ざやが発生してしまうし、運用できないからといって利率を下げると保険料が上がってしまう。

かつて生保の保有資産は貸付金が中心だった。長信銀や信託銀行とともに長期資金の担い手として日本の高度成長を支えていた。しかし、高度成長の終焉で企業の資金ニーズが落ち込み、八〇年代には資産運用の主役は有価証券にシフト。生保は巨大機関投資家へと変貌した。八〇年代後半には外国証券や不動産など海外投融資が膨れ上がり、「ザ・セイホ」としてその動向が注目された。

現在の生保は単なる保険料の運用機関から、資産運用ビジネスの担い手に脱皮できるかどうかの岐路に立たされている。

高齢化が進み、老後の備えに対するニーズは急速に拡大している。ホールセールでは企業年金の成長が著しい。九八年度の厚生年金基金および税制適格退職年金の資産額は合計で七〇兆円を超える規模に達しており、この一〇年間で二倍以上に増えている。リテールでも、個人年金など貯蓄性商品市場の拡大が見込まれる。米国で見られたように日本版４０１ｋ（確定拠出型年金）が急速に普及する可能性もある（税制優遇などが一段と整備されることが前提）。

問題は、生保がこれらの担い手であり続けられるかどうかだ。

現在、企業年金の運用は生保と信託銀行がその大半を受託している。これは制度上、資金を長期にわたり運用できる金融機関が生保一般勘定と年金信託しかなかったからだ。だが、九〇年代に投資顧問会社への運用委託が段階的に解禁され、受託額が急速に増えている。他方、生保は一般勘定の相次ぐ予定利率引き下げと、日産生命、東邦生命と続く経営破綻の影響で、顧客離れを招いている。すでに生保の企業年金ビジネスは数社に絞られた感があり、しかも、多くの会社が運用機能を実質的に系列の投資顧問会社へ移行している。信用リスクや情報開示の問題などから、他業態と同じ土俵でなければ戦えないのが現実だ。

個人分野でも、死亡保障商品とは異なり、貯蓄性の商品は生保の独壇場ではない。市場の拡大が見込める反面、あらゆる金融機関が

日本版401k（確定拠出型年金）　掛け金の拠出額だけが決まっていて、給付額は運用実績に応じて変動する年金制度。従来の確定給付型年金と違い、資産運用のリスクは加入者側が負う。導入時期は、企業が従業員のために採用する「企業型」は2001年１月、自営業者やサラリーマンが独自に加入する「個人型」は同年３月となる。日本版401k の関連事業には、①顧客情報の記録、管理システム、②加入者向けの投資教育、③運用商品の開発、提供——の３分野がある。①では三菱、住友、ニッセイグループや興銀、野村グループなどが名乗りを上げている。導入後の米国やオーストラリアでは、終身保険から確定拠出型年金へのシフトが起きた。ただ、優遇税制が当初の見込みよりも圧縮されたこともあり、日本でどの程度普及が進むかは不透明だ。

個人金融資産の囲い込みを狙っており、競合は極めて熾烈とならざるをえない。生保にしかないノウハウ、例えば終身給付のデータや商品開発力を生かせるかどうか。

2　業界再編は進むか

◆業界地図はどう変わる

民間の保障機能が必要であり、社会インフラとしての生命保険という民間システムの維持は重要なことだ。しかし、個別会社で見ると話は別である。護送船団時代はすでに過去のものであり、激変する生保市場で生き残っていくのは並大抵のことではない。業界地図は自ずと変わってこよう。

まず、信用力が低下し経営不振に陥っている会社は、かなり正念場に立たされていると言っていいだろう。従来から支払い余力や収益力が見劣りする会社ほど信用力の下方圧力を受けている。その一方で、九九年四月の早期是正措置導入に加え、ソルベンシー・マージン基準の見直し（劣後ローンの参入限度額の厳格化など）や、保険基本問題ワーキング・グループで議論されているリスク管理の充実など、ハードルはかえって高くなっており、経営内容の悪化している会社が現在のままで存続するのは難しくなりつつある。監督当局の対応にもよるが、日本団体生命がフランス・アクサグループの傘下に入ったように、提携などを含めかなり抜本的な対策をとらない限り生き残りは難しいだろう。

他方、外資系や異業種系の生保はますますその存在感を高めていくに違いない。ソニー生命やプルデンシャル生命、アリコジャパンといった既存勢力に加え、M＆Aにより新たに参入してくる会社もまだまだ出てきそうだ。かつての中堅生保九社のうち、すでに東邦生命、日本団体生命、日産生命（現在はあおば生命）の三社は外資の傘下にあり、第百生命の販売組織はカナダ・マニュライフ社が買収した。

生保市場の縮小が続くなかで、なぜ外資を中心に新規参入が相次ぐのか。グローバルに事業展開するグループにとって、世界第一位の生保市場を持つ日本は無視できない。彼らには既存の大手、中堅生保の経営が揺らいでいる今が進出のチャンスと映っているのだろう。預貯金に滞留している個人金融資産の争奪戦に加わろうという思惑もある。さらに言えば、日本の保険市場は収益性が極めて高く「おいしい」商売という認識もあるようだ。もちろん、外資だから成功するという保証はない。

冷静に考えれば、投資銀行業務や証券のホールセール部門のように生保市場が外資系に席捲されるという事態は考えにくい。規制緩和が急速に進んでいるとはいえ、大手生保のなかでも上位社は過去の蓄積が厚いこともあって、比較的高い信用力を維持している。死亡保障から生存保障への本格展開を図るにしても、現在上

図表4－2　保険市場の自由化と再編

1996年	・改正保険業法施行 ・生損保の相互参入開始 ・日本版ビッグバン構想発表 ・日米保険協議最終合意
97年	・日産生命に業務停止命令 ・リスク細分型自動車保険解禁 ・健康体保険やダイレクト保険の発売
98年	・東邦生命が米GEキャピタルと合弁で生保設立 ・算定会料率の使用義務撤廃 ・人身傷害補償付き自動車保険の発売 ・金融（保険）持ち株会社解禁 ・金融システム改革法の成立 ・銀行、保険会社による投信窓販解禁
99年	・第百生命が加マニュライフと合弁で生保設立 ・大手生保の「保険口座」や「キャッシュバック」発売 ・変額年金保険の発売 ・東邦生命に業務停止命令 ・生命保険協会があおば生命を仏アルテミスに売却 ・日本団体生命が仏アクサの傘下入り
2000年	・平和生命を米エトナ・インターナショナルが買収 ・大正生命に早期是正措置発動 ・保険業法改正（倒産法制整備など）
2001年	・銀行、保険、証券の相互参入完了（予定） ・第三分野の激変緩和措置終了（予定）

位社が抱えている一〇〇〇万名レベルの顧客層は貴重な財産となる。それでも私は、現在の大手七社並みの存在感を持つ外資系、異業種系生保が現れる可能性は高いと見ている。

損保系生保の動向にも注目したい。現在のところ、各社とも損保代理店にいかに生保を販売してもらうかという入り口の問題に引っかかっているが、全国に展開する代理店ネットワークはやはり魅力である。今後も独力で展開するだけではなく、他業態、あるいは大手、中堅生保と提携する会社が出てきても全く不思議ではない。特に、東京海上火災保険の生保戦略には注目が集まるところだ。損保とともに生保を明確に本業と位置づけている以上、生損保の両方である程度の地位の確保を狙っているのは間違いない。損保事業は価格競争が進み、今後各社の収益圧迫は必至である。損保を補完する収益の柱として生保に大いに期待しているはずだ。

◇銀行再編の影響

九七年に北海道拓殖銀行や山一証券が経営破綻に追い込まれてからまだ二年余りしか経っていないが、この間に日本の金融地図は様変わりした。日本興業銀行など三行が統合して「みずほフィナンシャルグループ」を結成し、住友銀行とさくら銀行は合併に動き、三和銀行が東海銀行、あさひ銀行と組むなど、大手銀行の再編が相次いでいる。また、かつての四大証券は野村を除き姿を大きく変えた。だが、生保はそのようなダイナミックな金融再編の蚊帳の外にいる。

業界トップの日本生命の動きに注目が集まっている。分野ごとに「最強のパートナー」と業務提携する戦略を積極的に進めているが、今のところ特定の金融機関と全面的に提携する動きはない。

生保が金融再編の動きからやや距離感があるのは、日本の保険業の特性によるところが大きい。例え

図表４－３　金融機関の提携関係

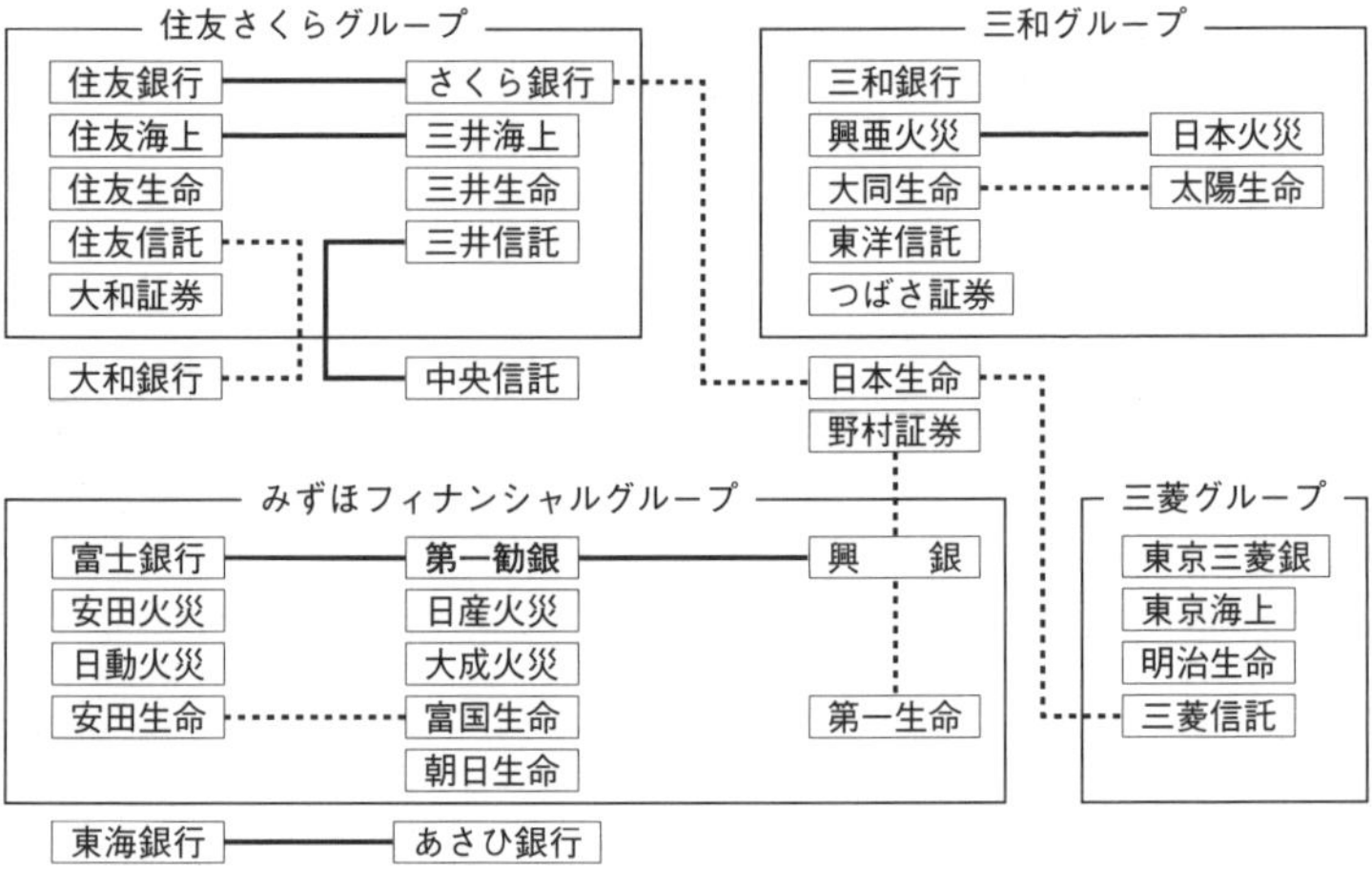

ば、銀行と生保の組み合わせを考えた場合、規制の問題もあって当面はシナジー（統合）効果がほとんど期待できないだろう。米国では九九年十一月に「金融サービス近代化法」が成立し、銀行、証券、保険の垣根がなくなった。だが、日本版ビッグバンでは銀行による保険販売はごく一部の種目に限られ、解禁スケジュールも固まっていない（住宅ローン関係のものは二〇〇一年四月に解禁）。銀行は将来的にはリテール戦略の一環として保険商品の販売を当然考えているはずだが、まずは証券業務や年金業務などを強化するのが先で、生保への優先度は低い。もっとも、私は顧客がすべての金融商品を一つの銀行から買うようになるとは考えられないのだが。

保険会社にしても、将来をにらみ銀行での窓口販売への対応は確かに重要な問題だが、現時点で特定の銀行と全面的に提携するメリットは少ない。窓販対策ならば、地銀など地域金融機関との関係を強化するのが先だろう。三菱グループ金融四社による提携や、三和銀行など七社による全面提携に生保も加わっているが、あくまでも部分的な協力関係にとどまっているように見える。第一生命と興銀の提携はやや例外で、興銀には資金調達面での不安を解消できるという直接的なメリットがあった。もっとも、「みずほグループ」の誕生で両社提携の位置づけはかなり変わった。

「みずほグループ」や住友・さくらの合併など大手銀行の再編が、親密生保の再編にも波及するのではないかと言われることも多い。だが、興銀と提携している第一生命と、芙蓉グループの安田生命、第一勧業銀行と親しい朝日生命と富国生命の関係には整理がついていない。九九年十二月には安田生命と富国生命の包括的な業務提携が実現した。両社が独自性、独立性を尊重しながら損保事業やシステム投資などを共同展開するとのことだが、これで主導権争いがますます激しくなるだろう。

損保では三井海上火災保険、日本火災海上保険、興亜火災海上保険の三社による統合が発表され、業界に再編ムードが一気に高まった（その後三井海上が統合から離脱し、三井海上と住友海上火災保険という銀行主導の組み合わせで落ちついた）。

しかし、生保では銀行のようなスケールを狙った合併や統合という可能性は、（ないとは言わないが）当分は小さいだろう。まず、大手、中堅生保には相互会社形態が多く、合併には制度面からの制約がある。そのうえ生命保険の契約は長期にわたるため、システムの統合に多額のコストがかかる。しかも、個人の死亡保障から団体年金まで全国でフルラインの事業展開を行う大手生保同士が統合しても、統合効果よりもむしろ拠点の統廃合に伴う販売組織の弱体化などデメリットの方が大きいかもしれない。

◆株式会社化が切り札になるか

今後の業界再編を占うに際し、保険相互会社の株式会社化は重要なテーマである。二〇〇〇年一月か

図表４－４　株式会社と相互会社の比較

	株式会社	相互会社
性　質	営利を目的とする法人（商法に基づき設立される）	営利も公益も目的としない中間法人（保険業法に基づき設立され、商法上の会社には属さない）
資　本	株主（会社の構成員）の出資する資本金	基金拠出金（会社の構成員ではなく単なる債権者）の拠出する基金
構成員	株主	社員＝保険契約者
意思決定機関	株主総会	社員総会（総代会）
保険関係	営利保険（保険契約により保険関係が発生する）	相互保険（社員関係と保険関係が同時に発生する。なお、非社員関係の契約も認められている）
損益の帰属	株主（ただし、契約者配当が法に規定されている）	社員

（出所）金融審議会資料

らの通常国会で株式会社化が可能となるような保険業法の改正が予定されており、共同持ち株会社の設立を視野に全面提携した太陽生命と大同生命は株式会社化の準備を進めている。

生保四六社のうち、相互会社は一五社にすぎない。だが、大手七社がすべて相互会社形態をとっているのをはじめ、相互会社は個人保険新規契約高の七割以上、保有契約高では九割強を占め、そのウエートは大きい。株式会社が営利を目的とする組織なのに対し、相互会社は本来、相互扶助を目的とする一種の自治的な組織で、保険契約者が社員として経営に参画するシステムとなっている。

ここにきて、株式会社化に関する法案の整備を進めている理由は二つある。一つは将来の業態を超えた競争激化が予想されるなかで、資本調達力や事業展開の自由度を今のうちに高める必要があるからだ。相互会社では自己資本の強化が難しく、持ち株会社の傘下に入ることもできない。海外では九〇年代に入り相互会社の株式会社化の動きが活発になっている。米国やカナダではプルデンシャル、メトロポリタン、マニュライフといった大手生保が株式会社化の準備を進めているし、オーストラリアでは九八年に最大手のＡＭＰ社が株式会社化した。

もう一つの理由は、経営内容の悪化した会社が資本提携などによって信用力を高める、いわば「救済」目的の株式会社化だ。米国では九二年にエクイタブル社が株式会社に転換したあとでフランス・アクサグループの資本を受け入れ、再建を果たした例がある。相互会社では東邦生命や第百生命のような既契約を切り離すかたちでの提携になりがちで、再建は容易でない。九九年に日本団体生命、平和生命が外資系との提携を実現したが、両社がもともと株式会社形態だったことも一役買っている。

重要なのは、株式会社化が経営戦略の切り札になるわけではないということだ。資本調達力や事業展開の自由度を手に入れても、調達した資金で収益をどのように上げていくのかが描けなければならない。海外の事例を見ても、株式会社化のコストはかなりの規模になるようだ。市場からの調達コストも株主配当を念頭に置くのではなく、市場が期待する収益率と考えれば決して安くはない。多額の逆ざやに苦しむ現状では、どのような株価になるかも不安である。

このような理由もあって、今のところ株式会社化を表明している会社は多くない。とはいえ、私は別の理由から現在の相互会社形態を続けるのはどうかと思っている。それは、相互会社の生保が理念通り、相互扶助の精神に基づいて経営されているとは考えられないからだ。何百万人もの契約者（＝社員）を抱える組織では、社員による経営への参画は現実にはほぼ不可能であるし、そもそも契約者に自分が社員という認識はない。株式会社の株主総会にあたるのが社員総代会だが、出席する総代は事実上保険会社によって選ばれており、経営チェック機能を果たしているとは思えない。経営者がどんな経営をしても、監督当局以外からはほとんどチェックが働かないのが今の相互会社と言っていいだろう。しかも、営利を目的にしない組織のはずだが、新契約の獲得競争や大型保障商品への邁進などを見ると、それもかなり怪しい。

株式会社に転じ株式を公開すれば、株主と契約者の利害対立という問題はあるが、少なくとも市場からの経営チェックは間違いなく強化される。ディスクロージャーの充実も大いに期待できるだろう。

3　生保危機からの脱出は可能か

◆「生保不信」の払拭を

生保業界は現在、過渡期にあり、今後数年間は各社の生き残りをかけた戦いが一段と熾烈になるだろう。規制緩和や商品、サービスの多様化など保険会社を取り巻く事業環境が急速に変化するなかで、多くの会社が従来の経営戦略を変革する必要に迫られている。メーカーや流通など事業会社ではごく普通のことが、生保の経営者にもようやく求められるようになったのである。

大手、中堅生保の経営戦略を考えた場合、最大の課題は生保への不信感、不安感の払拭である。一時ほどではないにしろ、「自分の加入している生保が破綻してしまうのではないか」という顧客の不安は根強い。

セールスレディーを中心とする営業職員への風当たりも強い。日本消費者協会が発表した九九年の消費者十大ニュースのなかには「噴出した生命保険トラブル」が入っている。日本消費者協会で九九年七月に「生命保険トラブル一一〇番」を実施したところ、破綻した東邦生命関係の相談に加え、営業職員

図表４－５　99年消費者10大ニュース

日本消費者協会

- 情報公開法が成立
- 遺伝子組み換え食品に表示義務
- ダイオキシン類対策特別措置法成立
- 訪問販売法などの改正
- 二転三転し介護保険制度見直し実施へ
- スーパーの二重価格表示に公取委が警告
- 噴出した生命保険トラブル
- 財政難で消費者行政後退か
- 2000年問題で一般家庭も対応に追われる
- 低迷続く景気にゼロ金利、企業リストラ加速、失業率は過去最悪

国民生活センター

- 相談件数が８年連続で増加
- 商品に関する相談と役務に関する相談がほぼ同率
- 転換契約など生命保険関連相談の増加顕著
- 多重債務、消費者金融に関する相談、依然増加
- 多様化するインターネット関連の相談
- パソコンの販売などをめぐる相談急増
- 電話勧誘販売に関する相談が再び急増傾向
- マルチ、マルチまがい取引に関する相談、モニター商法との「複合型」も登場
- チャイルドシートの着用義務化、未解決の課題も
- 環境ホルモンに関する相談増加、昨年に引き続き増加

の説明不足や虚偽説明、無断契約などが多数寄せられた。

また、国民生活センターが発表した、全国の消費生活センターに持ち込まれた相談のうち注目を集めた一〇項目にも「転換契約など、生命保険関連相談の増加が顕著」という生保に関するものが取り上げられた。生命保険の相談件数は年々増える傾向にあり、転換契約については「説明不足から不利なものに換えさせられた」との苦情が相次いで寄せられているそうだ。

このような現状に各社はどう対応していくのだろうか。私は社会保障制度の先行きに不透明感が強まるなかで、民間で保障を担う生保の重要性はますます高まると考えている。だが、現在のような不信感、不安感を引きずったままでは、逆に国民からそっぽを向かれることもあるのではないか。株価下落などをきっかけに経営内容の悪化した会社が連鎖破綻するとか、マスコミのキャンペーン（例えば、生保への公的資金投入反対など）などをきっかけに保険離れが加速するといった「最悪シナリオ」が現実に起きた場合、大きな混乱を覚悟しなければならないだろう。日本の生命保険システムはかなり脆弱な状態にあるということを、各社はもっと真剣に考えた方がいいと思う。現在、大手生保が展開している囲い

込み作戦では、明るい未来は望めないだろう。

◆経営戦略の方向性

不信感や不安感の払拭とは別の角度から、今後の生保経営の方向性を考えてみたい。大胆に単純化してみると、次の三つのパターンが考えられるだろう。

①総合型で他を圧倒する市場支配力を持つ
②得意分野に注力し、その他の分野は他社の力を借りる
③ニッチへの特化

日本では大手から中堅まで総合型の会社ばかりが目立ち、太陽生命や大同生命のような特色ある経営を行っている会社はむしろ例外だ。だが、従来のようなフルライン戦略ではごく一部の会社しか生き残れないだろう。例えば、米国には一五〇〇社を超える生保があるが、そのなかでフルライン戦略をとっているのは業界一、二位のプルデンシャル、メトロポリタンくらいと言われており、大半の会社は何らかの重点分野を絞り込んでいる。日本でも自由化が進むにつれて、同じような姿になっていくだろう。

総合型による生き残りが難しいのであれば、選択肢は②か③になる。新たに日本の保険市場に参入するならば、ニッチ戦略をとり、新しい商品やサービス、チャネルを提供するのが自然なやり方だ。オリックス生命は従来、中小企業市場を中心に展開していたが、新たに個人分野に参入するにあたり「ダイレクト保険」という目新しいチャネルを使っている。また、近年契約を伸ばしているのは、営業職員チャネル、募集代理店チャネルともにコンサルティング・セールスという、顧客にとって新鮮なチャネルを主力とする会社である。他方、損保系生保が、一部を除き存在感を出せていないのは、参入当初から

かなりの規模の販売組織を抱えるが故に、新規参入者としての魅力的な戦略を打ち出せていないからだろう。

だが、曲がりなりにもフルライン戦略で事業を続けてきた既存の大手、中堅生保が、果たしてニッチへの特化を目指せるのかどうか。

プロセスは逆だが、太陽生命と大同生命の包括提携は経営戦略の面で興味深い。一方が家計市場向け、もう一方が中小零細企業向けと、両社とも大手生保とは違う戦略で成長してきた。もし包括提携が順調に進み共同持ち株会社が設立されれば、規模の面では大手レベルになるが、その中身はいわばニッチ戦略の集合体である。このような特色ある事業の集合体を目指すのも選択肢の一つだろう。

千代田生命は、信用力が低下し顧客離れが進む現状を打破するために、九九年九月にコアビジネスへの集中化や業務のアウトソーシング、分社化などを柱とする「経営革新計画」を発表し、今後は医療保障を付加した保障性商品に特化する方針を明確に打ち出した。事業環境は厳しく、改革が実を結ぶかどうかは予断を許さないが、思い切った戦略として評価できる。同じような動きが他社でも見られるようになるだろう。

◇大手生保の動向

大手生保のなかでも上位社は、過去の蓄積が積み上がっていることもあり、

持ち株会社（金融持ち株会社） 銀行や証券、保険会社が設立する持ち株会社。業態の垣根を超えた金融再編を促すとともに、部門ごとの採算管理や給与体系など経営の効率化が期待できる。米国の金融機関では持ち株会社形態をとっているところが多い。日本でも98年３月に金融持ち株会社関連法が施行となり、大和証券グループなどすでに複数の持ち株会社が誕生している。連結納税制度などが導入されれば、さらに普及が進むと見られる。ただ、大手生保など相互会社形態の会社は、持ち株会社の傘下に入ることができない。

多額の逆ざやにもかかわらず高い収益力を維持している。このためか、経営戦略の抜本的な見直しというところまで追いつめられていないのが現状だ。九〇年代はもっぱら、医療や介護に関わる特約を充実しながら、保障性商品への回帰を進めてきた。

九九年四月からは、「ニッセイ保険口座」や住友生命のキャッシュバックなど、各社とも保険料の割引を含めた新機軸を打ち出している。市場の拡大が期待できないなかで、既存の顧客を囲い込むと同時に、他社の顧客をも奪おうという戦略だ。正式なデータはないが、複数の会社の保険に加入している人は多く、これを自分のところに一本化してもらう。

新機軸と言っても、現在までの動きを見る限りでは、私には死亡保障の大型化を進める従来戦略の延長線上にあるように見える。この戦略では、目先はともかく、保有契約の減少傾向に歯止めをかけるのは難しいだろう。しかし、最大手が自ら保険料引き下げ競争を仕掛けるなど、かつての業界協調時代には到底考えられなかった話だ。個人の貯蓄向け商品などの隣接業務や海外事業に積極進出するにしても、まずはコアとなる生保分野で圧倒的な地位を確保しておく作戦だろう。

一方、資産運用ビジネスに対しては積極的な取り組みが目立つ。住友生命や三井生命のような「自前」組もあるが、日本生命と米パトナム、ドイツ銀行など外部との提携による取り組みが主流になりつつある。将来、死亡保障市場の収益性が悪化する事態に備え、各社とも手を打っている。

現在、大手生保で株式会社化を明確に表明しているところはないが、遅かれ早かれ株式会社になっていくのではないだろうか。証券分野などの新規事業や海外に本格進出するためには資本の厚みが必要であるし、相互会社のままでは提携などで取り残される可能性がある。

大手生保のなかでも、あくまでも総合型の戦略にこだわり市場支配力を狙うだけではなく、選択と集中を進める戦略もあるだろう。すべてを自前で取り組むのではなく、自らは得意分野に集中し、その他の分野は他社と共同で運営するなどの手法が考えられる。組織面では分社化など、組織を細分化する戦略が現実的だ。今の大手生保の経営組織は大きすぎて、市場の目まぐるしい変化に対応できなくなる懸念がある。すべて全国一律で経営するのではなく、今後は地域や商品、顧客などを軸に分社化する動きが加速しよう。

ただ、大手生保の現在の地位は厳しい規制があった時代に築かれたもので、現在の経営者ももちろんそのような環境で育ってきた。過去の成功体験があるだけに、新しい時代に対応しうまく経営戦略を転換できるのか。今後の舵取りに注目したい。

◇販売チャネルの多様化が進む

最後に販売チャネルについて考えてみたい。

生命保険文化センター「生命保険に関する全国実態調査」によると、九割近くの人が「生命保険会社のセールスマン」から保険に加入しており、日本では最近でも営業職員チャネルが保険販売の大半を占めていることがわかる。言うまでもなく、営業職員の大部分は大手、中堅生保に属するセールスレディーである。

ここ数年、営業職員の数は急速に減っているが、この傾向は当面続く可能性が高い。今の営業職員チャネルは総じて新規契約の獲得だけを念頭に置いている。新規契約（転換を含む）がとれるかどうかが職員の評価のすべてであり、縁故の契約だけしか期待できないような職員をも大量に採用し、これが大量脱落につながっている。大量採用・大量脱落というターンオーバー構造の是正は長年の課題だが、職員の数が目先の契約を大きく左右するために採用のハードルをそれほど上げることができず、ターンオーバー構造をそのまま何十年も引きずってきた。だが、今後は保険料の引き下げ競争が一段と進む可能性を考えれば、コスト高の主因であるターンオーバー構造をいつまでも温存できないはずだ。

右肩上がりの経済成長が続いていた時代ならともかく、低成長で顧客の懐が冷え切っているうえ、今後はさらに少子高齢化が進み、死亡保障市場の成熟化や保障ニーズの変化がはっきりしている。加えて、販売チャネルの多様化も生保全体で見れば確実に進んでおり、消費者はセールスレディー以外からでも保険を買うことができるようになってきた。新規参入や規制緩和が進むにつれて、セールスレディー以外のチャネルはますます影響力を持つようになるだろう。こうしたなかで、営業職員組織は、高い付加保険料に見合ったサービスを提供できるチャネルに変わらなければならない。パート感覚の営業職員や損保販売のついでに生保を募集するような代理店などは、早晩淘汰されるだろう。

営業職員や募集代理店のような対面販売チャネルがなくなり、通販や銀行ですべての保険を買うようになるとは思えない。例えば、準富裕層以上の顧客をターゲットにコンサルティング・セールスをしていくのであれば、生産性の高い対面販売チャネル一本でも十分経営していけるだろう。中立的なチャネルを求める声も強く、複数の会社の商品を扱う対面販売チャネル（乗合の代理店）も、顧客の信頼を勝ち取る可能性がある。

また、顧客との人間関係のみに依存した、「伝統的な」販売がすぐになくなるとは考えにくい。顧客に「保険ごときに手間をかけるのは面倒くさい」という意識が根強いのも事実だ。実際、ほかに魅力的な商品があるのは知っていても、現在の保険をそのまま継続してしまう層はかなり多い。

図表4－6　営業職員数の推移

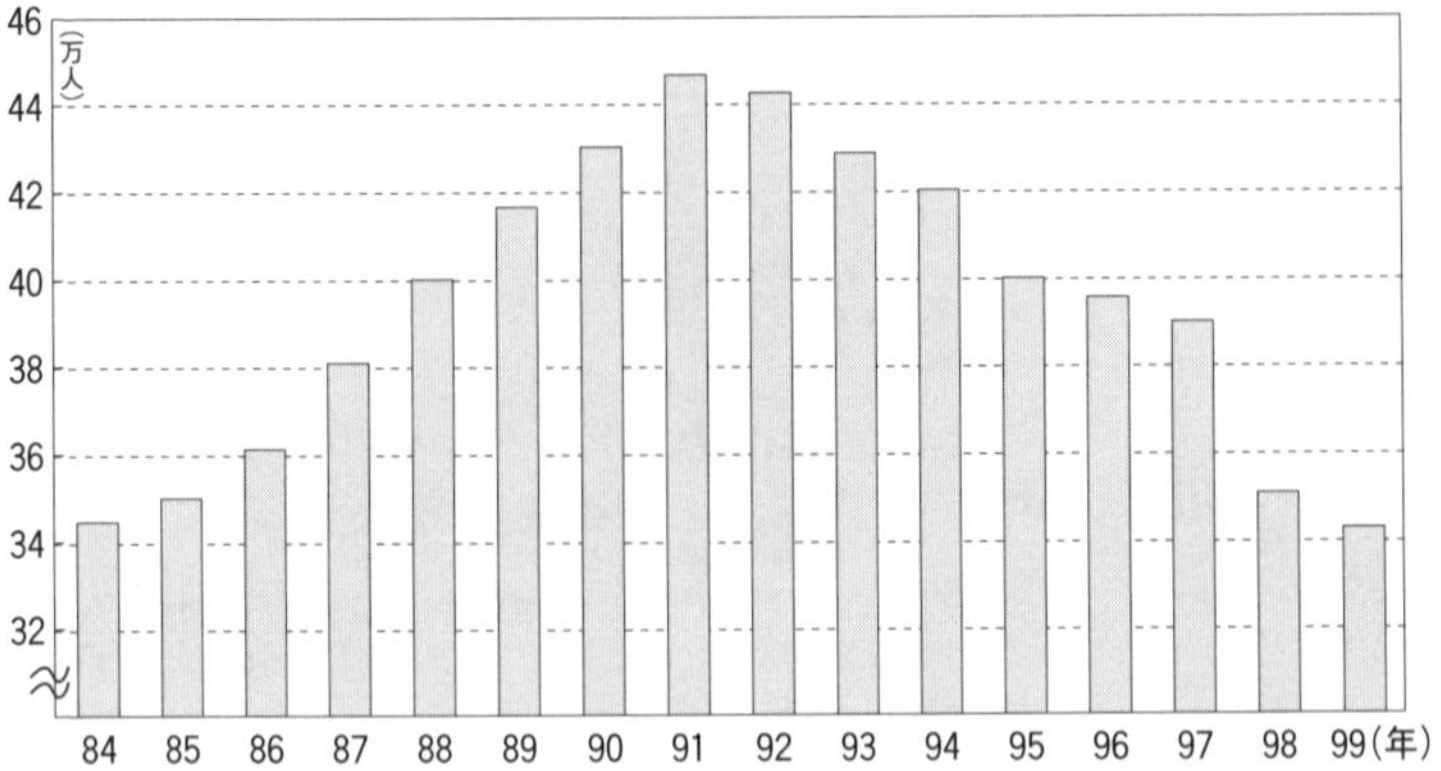

(注)各年とも3月末

◇営業職員チャネルはどうなる

問題は現在の大手、中堅生保のように、全国一律で同じようなセット商品を販売する営業職員チャネルをどう改革するかである。営業職員のハードルを高くして、生産性の高い職員しか残れないようにすれば、確かに効率性は上がるだろう。だが、職員数が減ることで、足元の業績が大きく落ち込むのは覚悟しなければならない。

今後の成長が期待される個人年金など貯蓄性の高い商品は、将来的には銀行や通販チャネルのウエートが高くならざるをえない。第一、営業職員組織で貯蓄性商品を販売するのはコスト面から無理がある。今後は営業職員チャネル一辺倒ではなく、顧客属性や商品ごとにチャネルの多様化が進むと考えるのが自然である。

しかし、経営者からそのような発言はほとんど聞こえてこない。チャネルの複数化も一部で試みられているが、あくまでも補完という位置づけで本格的な立ち上げとはほど遠い。どうも既存チャネルとのあつれきが障害になっているようだ。このようなジレンマもあり、抜本的なチャネル改革にはほとんど手がつけられていないのが現状だ。

各社労働組合の上部組織である生保労連は「複線型営業職員制度」を提唱している。営業職員に高度コンサルティング活動と顧客サービス活動の両方を求める現状を改め、職務のウエートにより職員を区分するというものだ。つまり、コンサルティングにより新規契約を狙う職員と、既存顧客へのサービスを中心業務とする職員、両者の中間層の三つに分けるという発想である。営業職員組織の改革だけを考えれば理解できなくもないが、販売チャネル全体を見れば、どこかの時点で営業職員以外のチャネルにも本腰を入れる時期が来るのは避けられないだろう。前提となっている高い付加保険料は、そういつまでも維持できるものではない。コンサルティング活動ができる一部の職員（これは「専属代理店」に限りなく近い）と、職域を中心に活動する職員（構成員契約ルールがなくなっても、営業職員による職域セールスが全くなくなるとは考えにくい）だけしか残れないのではなかろうか。

現在、生保が置かれている境遇は、経営環境にしても販売面にしても過渡期にあるのだろう。この時期をどう乗り切るかによって、日本の生保産業や各社の将来の姿が決まってくると考えている。その意味で、これからの数年間は極めて重要な時期である。

構成員契約ルール　企業や企業の子会社が生保の募集代理店となった場合には、自社や子会社の従業員に対して生保（第三分野を除く）の販売をしてはいけないというルール。このため、損保系生保は親会社の企業代理店を通じて生保を売ることができない。企業が従業員に対し生保の募集をすると、雇用関係や職場の地位などをもとにした圧力販売が行われる恐れがあるという理由から、このような規制が設けられている。しかし、既存の生保業界を保護する意味合いも強い。つまり、構成員契約ルールがなければ企業が生保の営業職員の出入りを禁止し、営業職員の雇用が脅かされる可能性がある。

97年７月に行政改革委員会の規制緩和小委員会で論点となったが、生保業界の猛反対もあって、結果的には存続で決着した。最近、再び見直しの動きが生じている。なお、損保にはこのような規制はない。

第5章

プレーヤーたちの素顔

本章では、激変する生保市場で生き残りをかけるプレーヤーたちの素顔に迫る。R&I（日本格付投資情報センター）で格付けを実施している「漢字」生保が中心だが、このところ存在感を高めている外資系・異業種系生保や損保系生保にもスポットを当ててみたい（なお、コメントは基本的に二〇〇〇年二月末までの情報に基づいている）。

日本生命保険相互会社

◇会社の概要

過去一〇〇年にわたり業界一位の座を占めてきた。個人保険の保有契約は約二〇%のシェアを持ち、総資産は四〇兆円を超える。全上場企業株式の約二・七%を保有する投資家で、日本有数の不動産オーナーでもある。支払い余力、収益性、資産の質など損益、財務の内容は総じて良好な水準を確保。

〈沿革〉

1889年　有限責任日本生命保険会社創立
91年　日本生命保険㈱に社名変更
99年　保有契約高が業界第一位に
1947年　日本生命保険㈶として再発足
96年　ニッセイ損害保険設立
98年　投資信託の窓販開始
99年　「ニッセイ保険口座」スタート
2000年　資産運用業務をニッセイアセットマネジメントに集約

〈販売チャネル〉

営業職員チャネル（ニッセイトータルパートナー）による対面販売が中心。99年3月末の営業職員数は約59,000名。

来店型店舗のニッセイ・ライフプラザ、保全が中心のANSアドバイザー、高度コンサルティングセールスに取り組むGLAD（グラッド）など、新しいチャネル開発も試みている。

〈主なグループ会社〉

- ニッセイ損害保険（同和火災と合併へ）
- ニッセイアセットマネジメント（投資顧問、投資信託委託）
- ニッセイ・リース
- ニッセイ・キャピタル（ベンチャーキャピタル）
- ニッセイ信用保証
- 新星和不動産
- ニッセイ基礎研究所など

〈R＆I格付け〉

保険金支払い能力格付け（op格付け）AA op
コマーシャルペーパー格付け　a-1+
（注）op格付けは依頼に基づかない格付け

かつては業界のリーダーを自認した行動をとってきたが、「ニッセイ保険口座」で価格競争を仕掛けるなど、近年は業界の指導的立場から脱却する姿勢が目立つ。

◆営業職員の減少

日本生命はいわゆる既存生保を代表する存在だ。保有契約高や総資産は世界的にも有数の規模で、顧客数は一七〇〇万人にのぼる。中核のリテール保険事業を支えているのは、約六万名（うち九割以上が女性）の営業職員を中心とする販売組織だ。「営業職員（ニッセイトータルパートナー）によるフェイス・トゥ・フェイスのきめ細かなコンサルティングこそが、ニッセイの最大の強み」とのことで、高度なコンサルティング力を持った営業職員の育成に努めている。税務、相続、金融商品全般に関する豊富な知識を持つFP（ファイナンシャル・プランナー）を育てており、すでに五〇〇〇名以上の職員が日本FP協会認定のAFP資格を取得している。

ここ数年は営業職員の選別を強化しているようで、三年間で職員数が二割以上も減った。ただ、ここまでの減少は想定外だったようで、最近は職員数を確保する動きに転じている。

営業職員数の急減に加え、保険見直しブームや従業員数を水増しする「幽霊職員」問題、和歌山の保険金詐欺事件などの悪影響もあり、このところ契約面では振るわなかった。解約や失効の水準も高く、保有契約高の減少に歯止めがかかっていない。

◆「保険口座」で巻き返しなるか

九九年四月から「ニッセイ保険口座」をスタート。ニッセイグループの各種保険商品やサービスを顧

	95/3	96/3	97/3	98/3	99/3
個人保険新規契約高(億円)	382,845	373,707	366,837	318,575	226,044
個人保険保有契約高(億円)	3,325,809	3,389,615	3,429,617	3,385,118	3,206,023
新契約平均保険金(千円)	15,443	14,230	21,396	20,122	17,072
失効解約率(%)	7.9	8.0	8.3	9.1	9.8
団体年金保有契約高(億円)	101,026	106,791	102,027	108,073	110,028
総資産(億円)	366,812	390,296	400,383	422,097	426,823
うち特別勘定(億円)	8,047	9,023	16,914	23,363	34,248
マーケットシェア(%)	20.6	20.8	21.2	22.2	22.6
基金または資本金(億円)	0	0	1,500	3,000	3,000
収入保険料(億円)	56,603	61,449	58,935	62,746	58,216
剰余金または利益金(億円)	2,686	2,364	3,181	2,620	4,352
ソルベンシー・マージン比率(%)				939.9	849.9

(注)　個人保険新規契約高は転換純増を含む。マーケットシェアは総資産

客単位でまとめて管理する。取引量に応じて「レギュラー」「ゴールド」「プラチナ」に分かれ、ステージがアップするほど保険料の割引もアップする。死亡保障だけではなく年金や医療特約なども取引量に換算され、割引の対象となるが、いずれも四月以降の新規契約に限られる。つまり、ニッセイは保険口座で他社契約の自社への乗り換えと既契約者の契約転換を狙っているのである。

九九年九月上半期は、個人保険の新規契約高がプラスに転じた。前年同期が不振を極めていたという事情もあり、必ずしも期待通りではないのかもしれないが。契約転換による増加分が大きく寄与しており、既契約者による契約転換という狙いは当たったのだろう。

「ニッセイ保険口座」は日本生命のビッグバン戦略の中核に位置づけられており、現在の取り組みはまだ第一段階にすぎない。すでに生保だけではなく、ニッセイ損害保険の自動車保険にも価格サービスがあるが、今後は投信や確定拠出型年金などもパッケージし、総合的なサービスを提供していくという。

◇「本業重視」と「全方位外交」がキーワード

わずか一、二年で日本の金融地図は様変わりしている。大手銀行の再編が相次ぎ、かつての四大証券は野村を除き姿を大きく変えている。そのなかで、日本生命はこれらの再編劇にほとんど絡んでいない。金融再編の動きと今のところやや距離感があるのは、現時点で例えば特定の銀行と全面的に提携してもメリットがほとんどないからだ。

ニッセイは特定の相手とは全面的に組んでいないが、分野ごとの業務提携にはむしろ積極的だ。資産運用分野ではドイツ銀行と米パトナム社、個人向けローン事業ではさくら銀行と三洋信販などと提携。九九年十一月には三菱信託銀行などと資産管理業務を担う新しい信託銀行を設立すると発表した。

近年の日本生命は「本業重視」と「全方位外交」をキーワードにしている。本業は生保から、損保や資産運用ビジネスにも広がっているが、これらを徹底的に強化していく方針だ。九九年六月には中堅損保の同和火災海上保険と幅広い業務領域において協力関係を一層深めるとともに、同和火災の株式保有比率を二〇％強に引き上げると発表。一気に損保市場のシェアを獲得する作戦に出た。二〇〇〇年五月からは資産運用業務を「ニッセイアセットマネジメント」に集約する。

他方、将来にわたり従来の営業職員チャネルだけで生き残るのは難しいとの判断からか、ここにきて販売チャネルの多様化を積極的に模索している。幅広い知識を駆使した高度コンサルティングセールスの「ＧＬＡＤ（グラッド）」や、来店型店舗「ニッセイ・ライフプラザ」の展開、契約保全を中心とする「ＡＮＳアドバイザー」、さらに中堅、中小法人マーケットの開拓にも取り組み始めた。ただ、これらが収益源となるにはまだ相当時間がかかるだろう。

第一生命保険相互会社

◆会社の概要

一九〇二年に日本初の相互会社として設立された国内第二位の生命保険会社。「生涯設計」に基づく提案を推進し、コンサルティング力の強化や商品、サービスの開発に取り組んでいる。九八年十月に日本興業銀行と全面業務提携を行うことで合意した。

〈沿革〉

1902年	第一生命保険㈶創立（日本初の相互組織の会社）
21年	五大生保の一角に進出
32年	保有契約高が業界第二位に
45年	第一生命館が連合国軍総司令部庁舎として接収される（1952年解除）
96年	第一ライフ損害保険設立
98年	第一ライフ投信投資顧問を通じて投資信託業務を開始 日本興業銀行と全面提携
99年	「生涯設計ドリームパッケージ」の提供開始

〈販売チャネル〉

営業職員チャネル（生涯設計デザイナー）による対面販売が中心。99年３月末の営業職員数は約54,000名。さらに全国の支社に約380名のFPを配置している。

〈主なグループ会社〉

・第一ライフ損害保険
・興銀・第一ライフ・アセットマネジメント
・第一信用保証
・第一リース
・第一生命抵当証券
・第一生命キャピタル（ベンチャーキャピタル）
・ライフデザイン研究所
・第一生命経済研究所
・興銀第一フィナンシャルテクノロジー
・第一生命ウェルライフサポートなど

〈R & I 格付け〉

保険金支払い能力格付け（op 格付け）	A+ op
コマーシャルペーパー格付け	a-1+

（注） op格付けは依頼に基づかない格付け

◆「生涯設計」へのこだわり

九九年度から三年間の中期経営計画では、「生涯設計」の推進を基本方針にしている。第一生命の「生涯設計」とは、資料から引用すると「お客様一人一人の将来に向けた具体的な設計図を描き、それをご提案し共有化する中で、個々のお客様のニーズに的確に対応した商品、サービスを一生涯にわたって提供し続ける」ことである。「生涯設計デザイナー」制度を創設し高技能、高知識営業職員の育成体制を強化。オーダーメードの設計図である「生涯設計プラン」、生涯設計の大切さを明らかにする「生涯設計読本」の提供、保険料の高額割引を柱とする優遇サービス「生涯設計ドリームパッケージ」など、「生涯設計」への強いこだわりがうかがえる。興銀との提携も、第一生命によると「生涯設計への取り組みを、興銀の商品、サービスで補完する」となる。

二〇〇〇年三月期は「保険口座」のニッセイと「キャッシュバック」の住友にはさまれ、やや苦戦していた。営業職員のコンサルティング力を強化するとともに、FPを全国の支社に配置して販売組織をバックアップする戦略をとったが、短期間のうちにコンサルティング力を高めるのは難しく、地道にやっていくしかない。顧客による保険料見直しの動きが続くなかで、この戦略はなかなか数字に結びつきにくかったのだろう。

このような状況を受けて、第一生命は九九年十月から「生涯設計ドリームパッケージ」を全面的にリニューアルし、ニッセイ型の割引制度を導入した。更新型終身移行保険「堂堂人生」に保険料払い込み免除特約を付加した「ハイバリュープラン」を投入。すでに二〇〇〇年一月末で三〇万件を突破するヒット商品になった。

さらに二〇〇〇年四月からは、新規契約だけではなくすべての契約者を対象に「ポイントサービス」

	95/3	96/3	97/3	98/3	99/3
個人保険新規契約高(億円)	273,748	262,008	268,364	226,216	200,749
個人保険保有契約高(億円)	2,341,553	2,391,642	2,428,839	2,391,333	2,309,700
新契約平均保険金(千円)	14,116	13,604	19,757	17,769	15,494
失効解約率(%)	7.8	8.1	8.6	9.5	10.1
団体年金保有契約高(億円)	79,921	84,904	79,003	81,378	81,417
総資産(億円)	260,090	273,931	280,324	289,696	297,413
うち特別勘定(億円)	4,803	5,526	10,137	14,293	22,507
マーケットシェア(%)	14.6	14.6	14.9	15.1	15.7
基金または資本金(億円)	0	0	700	700	2,200
収入保険料(億円)	40,824	40,905	38,843	40,115	39,892
剰余金または利益金(億円)	1,821	1,685	2,200	1,844	3,263
ソルベンシー・マージン比率(%)				632.1	662.1

(注) 個人保険新規契約高は転換純増を含む。マーケットシェアは総資産

を開始する予定だ。九九年四月に始まった大手生保による価格競争は、いよいよ既契約者へのメリットを意識した段階に入る。

◆興銀との全面業務提携に踏み切ったが……

損益面では、保有契約高の減少や逆ざやの拡大などが収益を圧迫しているが、経費見直し、あるいは内勤職員の営業シフトなどを進めているため、基礎的な収益力は堅調さを維持している。

他方、財務面では、例えば保有資産に占める国内株式のウエートが一七%近くに達するなど、資産価格の下落が支払い余力や収益に大きく影響する構造を抱えている。ただ、九九年三月期には国内株式のウエートを二ポイント弱引き下げるなど、市場リスクを抑制する動きも見られる。税効果会計を活用して外部から調達した基金(株式会社の資本金に相当)を前倒しで償却したり、退職給付債務の引き当てなども積極的に行っており、財務体力は総じて改善に向かっていると言えよう。

第一生命は九八年に興銀との全面業務提携で合意し、すで

に投資顧問会社の統合や「興銀第一フィナンシャルテクノロジー」の設立など、具体的な取り組みも見られる。しかし、興銀と第一勧業銀行、富士銀行の三行統合（みずほグループの誕生）で、両社の関係はやや不透明になった。

興銀のウィークポイントは資金調達の多くを金融債に依存するという構造にあり、約三〇兆円に達する総資産を抱える第一生命との提携はこの弱点を克服する意味も大きかった。また、大企業に設備資金を提供するといった長信銀の歴史的使命は終わっており、非財閥系でリテールに立脚する第一生命と組むことで活路を見出そうと考えたのだろう。

だが、三行統合で調達面の不安はかなり解消され、その分、第一生命の重要性は薄らいだ。しかも、第一勧銀や富士銀行の親密生保である朝日生命や安田生命、富国生命との関係もあり、現時点では三行統合に第一生命がどのように関わるかは予測できない。銀行と保険の距離感や緊急度を考えると、三行による事業統合が進むまで親密生保の問題は先送りとなる可能性も高い。

住友生命保険相互会社

◇会社の概要

住友グループの主要メンバーで、積極経営に定評がある。成人病や慢性疾患、要介護状態などに該当した場合に支払われる生前給付型商品の開発に注力。投資顧問子会社「住友ライフ・インターナショナル・インベストメント・マネジメント」（現在は住友ライフ・インベストメント）の設立や、太平洋投

〈沿革〉

1907年	日之出生命保険㈱設立
26年	住友生命保険㈱に社名変更
47年	國民生命保険㈹として再出発
52年	住友生命保険㈹に社名変更
96年	スミセイ損害保険を設立
98年	東洋証券、日商岩井と業務提携
99年	住友ライフ・インターナショナル・インベストメント・マネジメント（略称 SLI）営業開始 太平洋投信（現スミセイグローバル投信）を子会社化 和光ファーレル・インベストメント・テクノロジー社を子会社化 スミセイ・ライフマイレージサービス開始

〈販売チャネル〉

営業職員チャネル（スミセイメイト）による対面販売に集中している。99年3月末の営業職員数は約57,000名。日本 FP 協会など一定の資格を取得した職員は「スミセイ・ファイナンシャル・プランナー」と認定される。

〈主なグループ会社〉

- スミセイ損害保険
- 住友ライフ・インベストメント（投資顧問業・投資信託委託業）
- スミセイグローバル投信
- いずみキャピタル（ベンチャーキャピタル）
- スミセイ・リース
- スミセイ抵当証券
- 住生信用保証
- いずみファイナンス（貸金業）
- スミトー（不動産維持・管理業）など

〈R & I 格付け〉

保険金支払い能力格付け	A
コマーシャルペーパー格付け	a-1

信（現スミセイグローバル投信）の子会社化など資産運用ビジネスを強化している。損保分野では住友海上火災と営業面や損害調査などで業務提携を実施する。

◇キャッシュバックで販売に勢い

大手三社のなかで、最も勢いを感じる会社である。このところ新規契約高の落ち込みに苦慮していたが、九九年四月から実施した「スミセイ・ライフマイレージサービス」や介護保障商品の効果から、上半期は前年同期比で二けたの伸びを記録した。

「スミセイ・ライフマイレージサービス」は、業界初の価格サービスである「キャッシュバックシステム」や転換優遇割引など価格面に的を絞った戦略と言える。「キャッシュバックシステム」とは、通算の保険金額が三〇〇〇万円以上の契約者に、新規加入契約の保障額に応じキャッシュバックのかたちで毎年価格還元を行うしくみである。「ニッセイ保険口座」と同様に住友生命をメイン生保とする顧客を優遇し、顧客の囲い込みを図る作戦だ。この上半期は特に既契約者をターゲットにしたと見られ、契約転換による増加分が急増する一方、純新規契約は依然マイナスだった。

商品面では、顧客ニーズが従来の死亡保障を中心としたものから総合生活保障へと多様化しているとの認識に立ち、数年前から生前給付型商品の充実に努めている。重度慢性病保険（Vガード）は一九九六年日経優秀製品・サービス賞を受賞した。九九年四月から発売した「愛&愛らぶ」もヒット商品になった。Vガードなどは単品もあるが、基本的に定期付終身保険とセットで販売している。

販売面のもう一つの特徴としては、日本生命などが営業職員数を大きく減らしているなかで、住友生命は販売組織をむしろ拡大していることがあげられる。ニッセイの減少が激しかったため、おそらく両

	95/3	96/3	97/3	98/3	99/3
個人保険新規契約高(億円)	245,763	251,339	246,820	214,286	192,205
個人保険保有契約高(億円)	2,159,514	2,204,213	2,229,376	2,180,886	2,092,486
新契約平均保険金(千円)	11,845	11,390	15,838	17,768	14,101
失効解約率(%)	8.0	8.5	8.7	10.2	10.7
団体年金保有契約高(億円)	62,030	63,180	57,170	56,236	53,734
総資産(億円)	225,265	233,895	233,901	237,159	241,653
うち特別勘定(億円)	4,293	5,031	9,641	11,162	15,334
マーケットシェア(%)	12.7	12.5	12.4	12.5	12.8
基金または資本金(億円)	0	0	700	1,700	1,700
収入保険料(億円)	36,842	25,464	3,284	34,129	33,278
剰余金または利益金(億円)	2,029	1,814	2,097	1,347	2,946
ソルベンシー・マージン比率(%)				526.2	589.5

(注) 個人保険新規契約高は転換純増を含む。マーケットシェアは総資産

社の営業職員数はほとんど同水準にまでなっているようだ。生保では営業職員数の増減が契約高に直接結びつく面がある。だが、もはや組織を拡大すれば収益増に直結する時代ではなくなりつつある。住友生命の組織拡大戦略がコスト構造の悪化につながる懸念がないかどうか、引き続き注目したい。

◇不良債権問題は払拭

積極経営が裏目に出たケースとしては、バブル期の不動産関連への積極的な投融資がある。バブル崩壊で多額の不良債権を抱え、九〇年代後半まで経営の足を引っ張る要因となった。九四年三月期から積極的に処理を進め、貸付金の内容は大幅に改善している。九九年三月期末の分類債権(Ⅱ・Ⅲ・Ⅳ分類の合計)は貸付金残高のわずか一・八%にすぎない。ただ、不良債権処理の財源として株式や不動産の売却益を活用してきたため、日本生命や第一生命に比べ株式含み益が小さく、土地では大きな含み損を抱えている。

他方、基礎的な収益力は引き続き良好と言える。「キャッシュバックシステム」導入など価格引き下げによる販売単価の下落に対しては、数量や特約の拡大で補おうというやり方

だ。なお、住友生命ではフローの収益力を表す指標として独自に「業務純益」を公表している。経常損益項目のうち、有価証券売却損益など臨時的な損益を除いたもので、確かに収益力の参考となるだろう。数年前から始まった決算説明会の開催なども含め、外部との対話に消極的な生保業界のなかでは前向きな姿勢と言えよう。

◇資産運用ビジネスへの取り組み

近年、住友生命は資産運用業務で矢継ぎ早に新しい手を打っている。九九年一月に「住友ライフ・インターナショナル・インベストメント・マネジメント」を設立し、本体の有価証券の多くを運用委託することで、運用部門を事実上分社化した。加えて、グローバルな運用力を強化するため、出資や業務提携を通じて米国、欧州、アジアに独自のネットワークを構築しつつある。

投信事業へも本格的に乗り出した。旧太平洋投信（スミセイグローバル投信）を子会社化し、本体でも九九年十一月から既契約者向けにコールセンターによるダイレクト販売を開始した。

日本生命や第一生命に比べ、従来どちらかといえば資産運用ビジネスに力を入れてこなかった感のある住友生命だが、ここ数年の動きを見ると、ようやく本気になりつつあるというところだろうか。当面は生保事業に比べると収益への寄与はかなり小さいと見られるが、日本版ビッグバン後の生き残りをかけた経営戦略として評価できよう。

明治生命保険相互会社

◆会社の概要

わが国初の近代的生命保険会社として創業。東京三菱銀行、三菱信託銀行、東京海上火災保険とともに三菱金融四社の一角を占める。業界で初めて介護保障保険を発売するなど、介護分野に積極的に取り組んでいる。

〈沿革〉

1881年　日本初の近代的生命保険会社として創業
1934年　明治生命館（重要文化財）竣工
47年　明治生命保険(相)として新発足
76年　パシフィック・ガーディアン生命保険の過半数株式を取得（わが国生保初の米国進出）
96年　明治損害保険を設立
97年　「ケアマネくん」によるケアプラン作成サービス開始
98年　ドレスナー銀行と資産運用業務で業務提携
99年　日新火災海上保険との提携

〈販売チャネル〉

営業職員チャネルによる対面販売が主力。99年3月末の営業職員数は約30,000万名。

全国に顧客サービス専門の「CSスタッフ」「CSコンサルタント」を配置し、アフターサービス体制を強化。セシールと提携し実験的に通販にも取り組む。

〈主なグループ会社〉

・明治損害保険
・パシフィック・ガーディアン生命保険
・明治生命保険代理社
・明治ドレスナー・アセットマネジメント
・明生リース
・明生信用保証
・明治生命キャピタル
・三菱アセット・ブレインズ
・明治生命フィナンシュアランス研究所など

〈R & I格付け〉

保険金支払い能力格付け（op格付け）
A op

（注） op格付けは依頼に基づかない格付け

◇良好な財務内容

明治生命は大手生保のなかでも財務内容のよい会社として知られる。九九年三月期末のソルベンシー・マージン比率は、劣後ローンの取り入れなどの対策を実施しなくても七〇六％と大手、中堅生保のなかで高い方に位置する。九九年九月末の有価証券の含み益は株式を中心に一兆円を上回り、不良債権問題に悩まされることも少なかった。ただ、含み益の活用などにより、かつてのようなピカピカといったイメージはもはやなくなっている。九八年四月にスタートした中期経営計画「パイオニア21第三期計画」で「業界トップレベルのソルベンシー」を堅持することにより、「お客さま信頼度トップ」の保険会社を目指している。

一方、九〇年代を通して見ると、明治生命の基礎的な収益力は低下傾向が続いており、大手他社に比べやや見劣りする。それでも負債コストと運用利回りの逆ざやを十分カバーする費差益と死差益を上げている。特に、医療保障特約が死差益を下支えしていると見られる。

また、依然として国内株式などのウエートが高く、資産価格の下落が支払い余力や収益に大きな影響を与える構造となっている。国内株式が一般勘定資産の二割近くを占めているのは大手七社では明治生命だけだ。

◇営業面の立て直しが進むか

営業面では苦戦が続いている。このところ個人保険では新規契約高の大幅マイナスが続いている。九九年九月上半期の新規契約高は二割近く落ち込んだ。バブル期に販売した変額保険の訴訟問題が足を引っ張っている面もあろう。

	95/3	96/3	97/3	98/3	99/3
個人保険新規契約高(億円)	189,039	154,925	147,902	128,640	99,301
個人保険保有契約高(億円)	1,337,956	1,363,757	1,370,159	1,343,517	1,274,827
新契約平均保険金(千円)	17,757	15,732	15,804	15,545	13,131
失効解約率(%)	8.5	8.7	9.0	9.8	10.4
団体年金保有契約高(億円)	55,768	58,173	53,121	55,719	54,264
総資産(億円)	156,620	166,292	167,091	170,456	172,816
うち特別勘定(億円)	4,793	5,140	7,487	8,359	10,629
マーケットシェア(%)	8.8	8.9	8.9	9.0	9.1
基金または資本金(億円)	0	0	600	600	1,200
収入保険料(億円)	26,199	26,865	25,192	27,462	25,255
剰余金または利益金(億円)	1,457	1,419	1,786	1,246	1,765
ソルベンシー・マージン比率(%)				719.9	706.1

(注)　個人保険新規契約高は転換純増を含む。マーケットシェアは総資産

明治生命は、ニッセイや住友生命のような保険料引き下げに走らず、配当で還元する政策をとっている。例えば、一〇年以上経過した定期保険特約が終了する場合に支払う「サンクス配当」や、一五年以上経過した疾病入院関係特約が消滅する場合に支払う「すこやか配当」を新設し、顧客の囲い込みを図っている。理解はできるが今ひとつアピールするものがなく、営業職員も売りにくいだろう。

また、従来までのように死亡保障の保険金額にこだわらず、医療や介護、年金など顧客ニーズが高まっている分野に向けた販売戦略を進めている。このため、どうしても保険金額は小さくなりがちだ。確かに、死亡保障市場は今後も縮小傾向が続くと見られ、顧客ニーズが生存保障商品に移っているのは間違いない。だが、一方で現在の営業職員チャネルを維持するには、どうしても多額の付加保険料を稼げる大型の死亡保障商品に頼らざるをえないのが実情だ。したがって、明治生命が医療や介護、年金を意識すればするほど、販売チャネルの問題にぶつからざるをえない。大手他社も同じ課題を抱えているが、この点を解決できなければ、収益力の改善は多くを期待できないだろう。

◆見えないポスト・ビッグバン戦略

三菱グループ金融四社は九八年、日本版ビッグバンに向け協力して業務展開を図ることで合意した。この合意により、年金・資産運用サービスの強化が期待できるという。第一弾として、四社で投信評価会社「三菱アセット・ブレインズ」を立ち上げたが、その後新たな動きはほとんど見られない。東京三菱銀行、東京海上火災保険とも今のところ単独での生き残りを目指しており、三菱信託銀行は日本生命と資産管理業務を担う新しい信託銀行を設立すると発表（明治生命も資本参加する予定）した。明治生命も資産運用業務ではドレスナー銀行と提携しており、三菱金融四社で連携しようというムードは、少なくとも外部には全く伝わってこない。

保険に目を移せば、グループ内の競合は激化している。東京海上あんしん生命保険の存在感は徐々に増しており、もはや明治生命とのバッティングは避けられない。構成員契約ルールが見直され、東京海上の企業代理店が生保を販売できるようになった場合は、両者のバッティングはさらに激しくなるだろう。他方で日新火災海上保険との提携は、ニッセイが同和火災海上保険を傘下に納めたのに比べ、やや中途半端な感がある。

朝日生命保険相互会社

◆会社の概要

創業一一〇年を超える伝統のある会社で、第一勧業銀行と親密。系列投資顧問会社の拡充や米メトロポリタン生命との子会社を通じた提携など、資産運用面の強化を進めている。損保事業では自らの子会社を設立せず、親密損保との業務提携という、大手他社とは異なる戦略をとっている。

〈沿革〉

1888年	帝国生命として創業
1902年	利益配当付保険を発売
47年	朝日生命保険(相)として再発足
63年	新宿に本社社屋完成
97年	大成火災海上保険、日産火災海上保険と業務提携
99年	米メトロポリタン生命との子会社を通じた業務提携 朝日ライフ　アセットマネジメントを強化 朝日生命サンクスサービスを開始

〈販売チャネル〉

約23,000名（99年３月末）の営業職員による対面販売が中心。電話やインターネットなどを通じた契約者フォロー体制を推進している。マスメディアを活用した通信販売「朝日生命ダイレクト」を開始した。

〈主なグループ会社〉

- 朝日ライフ　アセットマネジメント（投資顧問業）
- 朝日生命キャピタル
- 朝日リーシング
- 朝日信用保証
- 朝日実業（不動産賃貸・管理）など

〈R & I 格付け〉

保険金支払い能力格付け　　BBB+

◆健全性の確保に注力

生命保険協会の協会長は伝統的に大手五社の持ち回りとなっており、朝日生命もその一社である。だが、五社を比べてみると、このところ上位社との経営格差がやや広がっている。

基礎的な収益力は大手他社に比べやや見劣りし、一段の事業費削減などに努めるが、今後の契約動向や金利水準次第では収益力の悪化に歯止めがかからないことが懸念される。また、九九年三月期末には唯一、有価証券含み損を抱える結果となった（九月末には含み益に転じている）。不良債権の処分に伴う益出しに加え、過去の外国証券投資の失敗で抱えた多額の含み損（九九年九月末の含み損はネットで一八七〇億円）が足を引っ張っている。

もちろん、朝日生命も健全性、収益性の向上に向けた取り組みを積極的に進めている。九九年三月期には、ソルベンシー・マージン比率が三四ポイント向上し、自己資本比率も上昇。不良債権処理は実質的に完了し、事業費は一年間で二八六億円の削減を達成したという。確かに、比較的潤沢な土地含み益や永久劣後ローンの調達などが寄与し、広義の支払い余力は大手他社と遜色はない。また、かつてのような規模で不良債権の償却負担が発生する可能性も低下したと言えよう。しかし、外部調達などを除いた狭義の支払い余力は保有リスクに対し改善の余地が大きいうえ、依然として資産価格の下落が支払い余力や収益を大きく左右する構造となっている。

◆「サンクスサービス」で巻き返し

契約面でも、このところ解約失効高が新規契約高を上回る状態が続くなど、苦戦が目立っている。九九年九月上半期の新規契約高も二けたの落ち込みとなった。

	95/3	96/3	97/3	98/3	99/3
個人保険新規契約高(億円)	106,941	92,232	102,863	79,380	63,792
個人保険保有契約高(億円)	930,740	930,898	9,369,965	900,378	846,682
新契約平均保険金(千円)	12,699	12,588	17,029	16,090	12,379
失効解約率(%)	8.1	8.1	8.3	9.9	9.7
団体年金保有契約高(億円)	37,755	39,073	32,711	32,564	30,555
総資産(億円)	117,513	122,475	120,140	121,760	121,483
うち特別勘定(億円)	3,641	4,054	6,108	7,048	7,708
マーケットシェア(%)	6.6	6.5	6.4	6.4	6.4
基金または資本金(億円)	0	0	500	500	500
収入保険料(億円)	19,592	18,585	17,128	17,114	15,828
剰余金または利益金(億円)	722	966	1,033	717	1,518
ソルベンシー・マージン比率(%)				654.8	688.8

(注) 個人保険新規契約高は転換純増を含む。マーケットシェアは総資産

朝日生命は、フロー収益を強化するには保有契約の確保・拡大は不可欠と考えており、減少が続く営業職員数の復元と、職員個人の能率アップを基本スタンスに保有純増の確保・拡大に取り組んでいる。

九九年十一月からは、様々な優遇サービスを盛り込んだ「朝日生命サンクスサービス」を実施した。第一弾のサービスは「サンクス割引」「サンクス特典」「サンクスネット」の三つである。契約者ごとの通算取引額に応じて保険料を割り引いたり、高額の割引ランクの新設などで、顧客の囲い込みを図る。日本生命や住友生命を追いかけるにしては、新しさに欠ける気もするが、近いうちに第二弾がありそうだ。やや弱体化している販売組織の活性化につなげることができるだろうか。

◇資産運用力と商品開発力で勝負

「収益性・成長性・健全性の高い会社にしていくには資産運用力と商品開発力を一層強化しなければならない」

このような考えに基づき、朝日生命は最近、次々と手を打っている。

まず、九九年二月に、米大手生保のメトロポリタン生命と、子会社（Nベスト社）を通じて提携した。これを受けて、六月には共同で「朝日エヌベスト投資顧問」を設立し、Nベスト社の資産運用ノウハウなどを活用できるようになった。

さらに、朝日生命投資顧問の陣容を大幅に拡充し、商号も「朝日ライフ　アセットマネジメント」に変更。社長には野村アセット・マネジメント投信の社長だった田窪忠司氏を迎えるなど、外部からも人材を強化した。

今後の焦点は、親密先の第一勧業銀行を含む統合三行（みずほグループ）との関係をどのように再構築していくか、メトロポリタン生命とのさらなる提携をどう進めるか、などである。銀行と生保の距離感はかなりあるとはいえ、それぞれの親密先である第一生命、安田生命、富国生命とともに、主導権争いが繰り広げられていると見られる。九九年十二月の安田生命と富国生命の提携もその流れであろう。朝日生命はどのような選択をするのだろうか。

メトロポリタン生命との提携も、資産運用分野にとどまっていては、何のためにわざわざ生保と提携したのかということになろう。商品開発力の強化につながる提携が実現するだろうか。

三井生命保険相互会社

◆会社の概要

創業は大正三年と大手七社のなかでは後発。三井グループに所属する。特別勘定での年金資金の運用（現在は系列運用会社の三井生命グローバルアセットマネジメントに統合）には従来から定評があり、受託残高を伸ばしている。

〈沿革〉

1914年	高砂生命保険㈱創業
27年	三井生命保険㈱に商号変更（三井財閥の傘下に入る）
47年	三井生命保険㈱として再発足
96年	三井ライフ損害保険を設立
99年	三井グローバルアセットマネジメント発足 変額個人年金保険「M-VA」を発売

〈販売チャネル〉

約18,000名（99年３月末）の営業職員による対面販売が中心。アフターサービス活動の専門組織や専管要員の充実、「テレフォンセンター」の新設などアフターサービス体制を充実させている。

〈主なグループ会社〉

- 三井ライフ損害保険
- 三井生命グローバルアセットマネジメント（投資顧問業）
- 三生キャピタル
- 三生リース
- 三生信用保証
- 三生ビルマネジメント（不動産の維持・管理）など

〈R & I 格付け〉

保険金支払い能力格付け　BBB+

◆販売面、財務面ともに課題

三井生命は大手七社の一角を占める会社であるが、ここ数年は販売面、財務面ともに苦戦を強いられている。

九九年九月上半期の新規契約高は前年同期比一二％減と落ち込みが続き、解約失効高も新規契約高を大幅に上回る水準で推移している。もともと新規契約の高さで、相対的に見劣りしていた契約継続率をカバーしていたが、近年は新規契約高と契約継続率がともに落ち込んでいる。二〇〇〇年三月期は、日本生命や住友生命のように価格面でアピールする戦略をとらず、高度なコンサルティング販売ができる営業職員の育成、あるいはコールセンターによる顧客密着度の強化などで、保有契約の減少に歯止めをかける方針をとった。しかし、やや弱体化している販売チャネルの立て直しは簡単ではない。

財務面でも改善の余地は大きい。九九年三月期は不良債権を積極的に処理し、今後は従来のような大きな償却負担が発生する可能性は縮小したと言える。だが、支払い余力は広義、狭義ともに上位社に比べやや見劣りする水準だ。基礎的な収益力も保有契約の減少や逆ざや拡大によりやや悪化しており、今後の契約動向や金利水準次第では収益力がさらに落ちる懸念もある。

◆資産運用力で巻き返し

このようななかで、三井生命は強みとする資産運用力を生かした戦略を指向している。生保の運用力は、長年にわたる含み益依存経営もあり、年金基金など外部からの評価は芳しくない。そのなかで、三井生命は早くから資産運用力の強化に取り組んだ。特別勘定運用部は企業年金などの資産運用において長期にわたり優れた実績を上げており、一定の評価を得ている。例えば、厚生年金基金連合会とならび

	95/3	96/3	97/3	98/3	99/3
個人保険新規契約高(億円)	100,307	94,239	90,848	74,221	59,812
個人保険保有契約高(億円)	777,752	786,512	787,213	754,105	709,055
新契約平均保険金(千円)	15,837	15,921	21,960	20,698	17,937
失効解約率(%)	9.4	10.0	10.4	12.3	11.9
団体年金保有契約高(億円)	36,429	38,365	34,506	36,274	30,372
総資産(億円)	96,960	102,892	102,085	109,015	101,145
うち特別勘定(億円)	4,859	5,575	8,481	11,087	6,594
マーケットシェア(%)	5.4	5.5	5.4	5.7	5.3
基金または資本金(億円)	0	0	350	350	350
収入保険料(億円)	16,831	16,855	15,860	17,658	15,745
剰余金または利益金(億円)	511	871	894	641	762
ソルベンシー・マージン比率(%)				491.6	519.6

(注)　個人保険新規契約高は転換純増を含む。マーケットシェアは総資産

年金基金や年金共済などへの影響力の大きい年金福祉事業団は、生保のなかでは例外的に三井生命グループへの委託残高を年々増やしている。

九九年一月に特別勘定運用部の運用機能を分離独立し、三井生命グループの運用拠点を統合した会社が「三井生命グローバルアセットマネジメント」である。運用部門を事実上、分社化する取り組みは大同生命が先鞭をつけ、その後各社に広がっている。運用拠点を統合することでグループ全体の資産運用機能を充実するのが狙いだが、顧客には生保の信用リスクを避けられるというメリットもある。三井生命グローバルアセットマネジメントの受託残高は九九年九月末ですでに一兆円を上回るところまで拡大した。

商品面でも他社とは異なり、資産運用力を全面に出した戦略を打ち出した。九九年七月から、日本初の基本年金額を保証する変額個人年金保険「M－VA」を投入した。通常の変額年金とは異なり、将来受け取る年金額が保証されたうえで、運用成果が良好ならばさらに受取年金額が加算される。つまり、顧客は元本割れのリスクがないにもかかわらず、高いパフォーマンスを期待できる。資産運用力によほど自信がなけ

れば実現しない商品だ。確かに、現在の投信の販売状況などを見ると、「M－VA」のような仕組みの商品の方が顧客にアピールするかもしれない。発売後三カ月で二三八億円の保険料を獲得するなど、滑り出しは好調なようだ。

三井生命は「M－VA」の販売で、落ち込みが続く死亡保障商品との相乗効果を期待している。だが、「M－VA」そのものは成功したとしても、果たして死亡保障商品につながるかどうか。「自助努力による老後生活資金確保の必要性が一層高まっている」ことを受けた商品戦略は理解できる。だが一方で、現在の営業職員チャネルを引き続きメインチャネルに据えるのならば、運用型商品の収益力では支えられず、従来の死亡保障商品が主体とならざるをえない。このジレンマをどう解決するかが最大の課題であろう。

三井グループ金融機関のうち、さくら銀行は住友銀行との合併を決断し、その影響で三井海上火災保険も住友海上火災保険との合併を選択した。他方、三井信託銀行は中央信託銀行とともに生き残りを図っており、三井生命だけが将来の方向性を打ち出せないままだ。合併や提携だけが道ではないが、現状の信用力が必ずしも万全というわけではないだけに、経営戦略を明確に示す時期が近づいていると言えよう。

安田生命保険相互会社

◇会社の概要

安田善次郎による「共済五百名社」をルーツとしており、富士銀行、安田火災海上保険とともに芙蓉グループの重要な地位を占める。官公庁など職域市場やグループ保険市場に強みを持つ。九九年十二月に富国生命保険と包括的な業務提携を発表した。

〈沿革〉

1880年	安田善次郎、共済五百名社を創立
94年	共済生命保険合資会社を設立
1900年	株式会社に組織変更
29年	安田生命保険㈱と改称
47年	安田生命保険㈱として新会社設立 光生命保険㈱と改称（1952年に社名復帰）
63年	企業保険部に直販部隊を編成
71年	年齢階層別商品体系を確立
96年	安田ライフ損害保険設立
99年	安田ペインウェバー投信を設立 安田火災と共同でエヌイーディーのベンチャーキャピタル部門の営業譲受（安田企業投資としてスタート） 英ダイレクトライン社との合弁会社設立に向けた提携合意 富国生命と業務提携を発表

〈販売チャネル〉

約16,000名強（99年３月末）の営業職員による対面販売が中心。全国に法人営業部を設置するなど法人営業組織を強化している。

〈主なグループ会社〉

・安田ライフ損害保険
・安田投資顧問
・安田ペインウェバー投信
・安田企業投資など

〈R＆I格付け〉

保険金支払い能力格付け　A＋

◇「選択と集中」で健闘

安田生命は大手七社の七番手に位置づけられているが、経営内容は上位生保に引けをとらない。他社と同じく逆ざやが拡大しているうえ、保有契約減少の影響で費差益、死差益もやや縮小しているが、それでも基礎的な収益力は比較的高い水準を確保している。公務員など職域市場に集中した戦略が、死差益や費差益などの厚みにつながっている。職域市場は死亡率が低く、販売効率もいい。契約後すぐに解約されてしまう可能性も小さい。

芙蓉グループ関連企業の業況を反映し株式含み益は三二〇〇億円にすぎないが、資産含み益などを除いた狭義の支払い余力は引き続き良好と言える。九九年三月期には初めて一〇〇〇億円の劣後ローンを調達したが、必要性に迫られてというよりは、芙蓉グループ金融四社の連携強化など、むしろほかの意味が大きかったのではないか。不良債権問題にも苦しんでいない。保有資産の約四割を貸付金が占めているが、九九年三月末の自己査定結果を見ると、そもそも分類債権が二％程度しかない。

販売面でも相対的に健闘が目立っている。九九年九月上半期は個人保険の新規契約高を伸ばした。新規契約高が解約失効高を上回ったのは大手七社で安田生命と住友生命だけである。契約者とのコミュニケーション強化や、収益重視の販売目標導入などが効果を上げている面もあるが、営業職員の陣容拡大も大きいと見られる。死亡保障市場が縮小傾向にあるなかで、組織の拡大を進め大型商品を販売するというスタイルの営業に限界はないか、組織拡大戦略がコスト構造の悪化につながる懸念はないか、などが焦点だろう。

九八年から「タイプ別営業職員制度」を導入し、新規契約を中心とする職員や契約保全を中心とする職員などに分ける体制にした。営業職員チャネルの将来の方向性を占う意味でも今後の帰趨に注目した

	95/3	96/3	97/3	98/3	99/3
個人保険新規契約高(億円)	96,8826	89,804	87,085	78,050	71,038
個人保険保有契約高(億円)	771,180	782,473	785,383	765,463	735,646
新契約平均保険金(千円)	14,647	14,516	19,234	20,646	19,566
失効解約率(%)	8.3	8.8	9.2	10.5	10.7
団体年金保有契約高(億円)	36,690	38,134	35,200	37,433	37,910
総資産(億円)	87,339	92,000	92,334	94,748	97,450
うち特別勘定(億円)	2,066	2,226	3,159	4,016	5,184
マーケットシェア(%)	4.9	4.9	4.9	5.0	5.2
基金または資本金(億円)	0	0	400	400	400
収入保険料(億円)	16,508	15,869	15,012	17,003	15,222
剰余金または利益金(億円)	1,163	1,146	1,786	1,246	1,765
ソルベンシー・マージン比率(%)				648.1	727.2

(注) 個人保険新規契約高は転換純増を含む。マーケットシェアは総資産

い。安田生命の強みである平均保険金額の高さ、すなわち大型保障商品の拡販が前提になっているが、ここが崩れるようなことがあれば厳しいだろう。

◇職域、グループ市場の強みをどう維持するか

安田生命は団体保険で業界トップの保有契約高を堅持している。法人営業組織を全国に置き、内勤職員による制度提案などで芙蓉グループに限らず企業保険市場に食い込んでいる。生保各社はAグループ保険と言われる企業拠出型の商品を中心に販売し、その後企業と従業員の遺族との間でトラブルが相次ぎ、社会問題化した。しかし、安田生命は保険料を従業員が負担するBグループ保険を中心に展開してきたため、他社がAグループ保険（現在は総合福祉団体定期保険）の契約を大きく減らすなか、Bグループ保険に注力していた安田生命がトップに躍り出たというわけだ。Bグループ保険自体の収益性は個人保険に比べれば低いが、今後の事業展開を考えた場合、この顧客基盤は大きな財産だ。

個人保険分野では職域市場で大型商品を販売し、企業保険分野ではBグループ保険を主力とする戦略が安田生命の選択

と集中だが、将来を見据えると不安要素もある。得意とする職域市場は「構成員契約ルール」という規制で守られており、近い将来に規制がなくなる可能性もあるからだ。このルールは、簡単に言えば、企業代理店は自社の従業員に生保（疾病関係を除く）を販売できない、というものである。企業による従業員への圧力販売の防止が目的とされるが、本質は大手、中堅生保の営業職員チャネルの保護にあると思われる。ルールがなくなったからと言って、営業職員が完全に職域から閉め出されることはなさそうだが、影響は小さくないだろう。

他方、三行統合をきっかけに、富国生命との包括的な業務提携が実現した。富士銀行と親密な安田生命と、第一勧業銀行に近い富国生命の二社が、独自性・独立性を尊重しながら損保事業やシステム投資などを共同展開する。合併や統合ではなく「実利」を優先したというほかに、同じく親密銀行が統合することになった第一生命と朝日生命の主導権争いを牽制する意味もあるのかもしれない。

太陽生命保険相互会社

◇会社の概要

主婦層など家庭市場を事業基盤としており、大手生保とは異なる独自の商品、販売戦略を展開。効率性の高い業務運営にも定評がある。九九年一月に大同生命保険と全面的に業務提携することで合意し、すでに資産運用部門やシステムの統合などが具体的に動き始めている。

〈沿革〉

1893年	名古屋生命保険㈱として創立
1908年	太陽生命保険㈱に社名変更
48年	太陽生命保険㈾として再発足 鉄道弘済会と法人代理店契約を締結
68年	5年満期「ひまわり保険」発売
74年	10年満期「けんこうひまわり保険」発売
83年	「ひまわり年金プラン」発売
96年	太陽火災海上保険と販売提携
99年	大同生命保険と全面的業務提携を発表 三和銀行など6社による業務提携を発表

〈販売チャネル〉

営業職員によるコンビ営業（2名1組で活動）が販売の中心。99年3月末の営業職員数は約10,000名で、平均年齢は51歳とやや高め。近年は募集代理店の拡大にも取り組んでいる。

これらとは別に、保険料の集金や保全を専門とする集金職員（約2,600名）を全国に配置している。

〈主なグループ会社〉

・太陽火災海上保険
・Ｔ＆Ｄ太陽大同投資顧問
・太陽信用保証
・太陽生命リーシング
・太陽情報産業（大和総研と合弁）など

〈R＆I格付け〉

保険金支払い能力格付け　A

◇独自性の商品、販売戦略を展開

職域市場などで大型死亡保障商品を販売する大手生保に比べ、太陽生命の商品、販売戦略はかなり違っている。家庭市場を事業基盤としており、徹底したリテール戦略をとっている。

太陽生命と言えば、「ひまわり保険」や「けんこうひまわり保険」といった五年から一〇年満期の特殊養老保険のイメージが強い。確かにこの二つが保有契約高の四割以上を占めており、年間に支払う保険金の八割近くは満期保険金だ。しかし、超低金利で予定利率が低下し、短満期の貯蓄性商品の魅力は以前よりも薄れている。このため、最近は終身保険や個人年金、生存給付金付定期保険などやや大型の商品にシフトしつつある。

大手と同じく営業職員チャネルを主力としているが、その販売スタイルは独特だ。「コンビ営業」と言って二名一組で活動するスタイルをとっており、これが家庭市場における販売力の源泉となっている。主なターゲットが主婦層なので、どうしても一件当たりの保険金額は小口になる（九九年三月期の新契約平均保険金は約二四〇〇万円）。これをコンビ営業による多件数販売で補っている。

今後も家庭市場での競争力を強化する方針で、特に中高年市場に焦点を当てている。このため、高い収益が見込める大型商品化を進めるといっても、大手生保のような高額商品の販売は現実的でない。おそらく、事業基盤や販売チャネルの特性に合った「計画貯蓄」「医療保障」「老後保障」に関わる商品を顧客に提供していくのだろう。

個人的には、生保に保障と貯蓄の両方を求めるような顧客層、家庭を訪問してくるセールスレディーとの人間関係を重視する顧客層が、今後も拡大していくとは思えないのだが、少なくとも中高年市場にターゲットを絞った戦略は理解できよう。

	95/3	96/3	97/3	98/3	99/3
個人保険新規契約高(億円)	14,434	14,027	17,209	16,506	13,398
個人保険保有契約高(億円)	100,108	101,353	104,574	104,481	101,868
新契約平均保険金(千円)	1,115	1,340	1,779	2,555	2,440
失効解約率(%)	6.6	6.4	6.4	7.6	6.9
団体年金保有契約高(億円)	7,150	7,436	7,008	7,446	7,395
総資産(億円)	60,533	64,455	67,035	38,256	69,693
うち特別勘定(億円)	300	353	917	707	943
マーケットシェア(%)	3.4	3.4	3.6	3.8	3.7
基金または資本金(億円)	0	0	10	10	10
収入保険料(億円)	12,638	13,259	12,806	13,288	12,346
剰余金または利益金(億円)	116	146	149	156	760
ソルベンシー・マージン比率(%)				873.0	869.1

(注)　個人保険新規契約高は転換純増を含む。マーケットシェアは総資産

◆収益力に課題

太陽生命の財務内容は良好と言える。支払い余力の水準は狭義、広義ともに高く、保有資産の抱える市場リスクや信用リスクも抑えられている。九九年三月期末のソルベンシー・マージン比率は八六九％と高く、とりわけ株式含み益が貢献している。自己資本として「社員配当平衡積立金」という配当準備金の未割当額が五四〇億円あるのも目立つ。リスク管理債権の貸倒引当率が九九年九月末で一二％と低いが、担保などで十分カバーされている。

問題は収益力である。かねてから効率性の高い業務運営を重視しており、事業費の削減に努めている。だが、逆ざやの影響が大きく、基礎的な収益力は見劣りすると言わざるをえない。事業基盤や主力商品の特性から死差益が相対的に小さいと見られ、団体年金のウエートが小さいために九九年三月期の平均予定利率は四・四％と他社に比べ負債コストも高い。負債の残存期間が短いため早期に平均予定利率は低下していくが、当面は現在の超低金利が響き、逆ざやが収益を大きく圧迫し続けることになろう。

◇大同生命との全面的業務提携

太陽生命は九九年一月に大同生命と全面的に業務提携することで合意した。「T＆D保険グループ」という名称で、経営資源の戦略的活用を図る。九九年十月には国内投資顧問会社などグループ会社の合併を行い、今後は商品やシステムの共同開発などにも順次着手していく。将来的には共同で保険持ち株会社を設立し、傘下に両社がぶら下がる構想だ。

両社とも比較的強い財務体質を維持しており、マスコミなどから「勝ち組」と言われている。生保では、経営危機を乗り越えるためといった後ろ向きの提携ばかりが目立っているが、両社の組み合わせは日本版ビッグバン後の大競争時代をにらんだ前向きな取り組みと言えよう。家庭市場で徹底したリテール戦略をとる太陽生命と、中小企業市場に強みを持つ大同生命では事業基盤が重ならないため、うまくいけば新しいタイプの大手生保として成長が期待できる。提携関係が深まるには両社の株式会社化など解決すべき課題もあるが、大手に比べやや不足気味の経営資源を補完できる点も含め、今後の進展に注目したい。

なお、従来親密だったさくら銀行との関係はやや疎遠になっているように見えるが、必ずしも三和銀行の陣営で決まったわけでもないようで、今一つ不透明である。もっとも、太陽生命サイドから立場を明らかにする必要には迫られていないのだろうが。

大同生命保険相互会社

◆会社の概要

全国法人会総連合（法人会）、納税協会連合会（納税協会）との提携、ＴＫＣ全国会（会計人の組織）の募集代理店化、米系損保との提携など独自路線を展開しており、中小企業市場に強固な事業基盤を持つ。九九年一月に太陽生命保険と全面的に業務提携することで合意。

〈沿革〉

1902年	朝日生命、護国生命、北海生命の三社が合併し大同生命保険㈱を設立
47年	大同生命保険㈶として再発足
72年	販売の主力を集団扱定期保険、グループ保険へ転換
73年	AIUと業務提携 法人会、納税協会の経営者大型総合保障制度を受託
76年	ＴＫＣ企業防衛制度を受託
98年	大同生命投資顧問（現Ｔ＆Ｄ太陽大同投資顧問）の拡充 健康体割引特約を発売
99年	太陽生命保険と全面的業務提携を発表 三和銀行など6社による業務提携を発表

〈販売チャネル〉

販売チャネルは営業職員と募集代理店が二本柱である。約6,000名の営業職員が法人会や納税協会などを担当。税理士や損保などを中心とする約13,000店の代理店も保有契約高（個人保険）の約4割を占める。

〈主なグループ会社〉

- Ｔ＆Ｄ太陽大同投資顧問
- 大同ライフ投信（旧長期信用投信）
- 大同生命リース
- 大同生命信用保証など

〈R＆I格付け〉

保険金支払い能力格付け（op格付け） AA－ op

コマーシャルペーパー格付け a-1+

（注） op格付けは依頼に基づかない格付け

◆独自の販売戦略で成功

かつては大同生命も多くの生保と同じように家計市場を中心に展開していたが、一九七〇年代初頭から中小企業市場をターゲットに切り替え、企業保障を中心に販売活動を続けている。「法人会、納税協会の経営者大型総合保障制度」「ＴＫＣ全国会のＴＫＣ企業防衛制度」など、各種提携団体の福祉制度を受託し、団体とともに会員企業に制度加入を促進している。中小企業経営者の保障ニーズ、すなわち死亡保障や退職金の原資となる集団扱定期保険を中心に販売しており、個人定期保険の保有契約高は業界第一位である。

販売チャネルは営業職員と募集代理店の二本柱となっている。営業職員チャネルは法人会、納税協会などの提携団体を営業基盤としており、六〇〇〇名強の職員のうち九割近くが損保の販売資格を取得している。他方、募集代理店チャネルはＴＫＣ代理店をはじめ税理士代理店や損害保険代理店が中心で、中小企業の内情に通じているという強みを持つ。

九九年三月期は顧客の中小企業が景気低迷の影響を受け、個人保険の保有契約高はわずかながらマイナスに転じた。とはいえ、九八年十月に発売した「健康体割引特約」により急速に盛り返しており、九九年九月上半期の新規契約高は前年同期比一一％増加。保有契約高も小幅ながらプラスになった。九九年十月には保険期間の延長（九十五歳まで）や契約承継制度（保障を行うべき人が入れ替わる場合に対応）の導入など、引き続き主力の定期保険の魅力を高める施策を打ち出している。

事業基盤が偏在しているため、税制改正なども含め外部環境変化の影響を受けやすい面もある。大手生保などが中小企業市場へ本格参入する動きもあり、競合は一段と激化している。だが、大同生命がこれまで築いてきた提携団体との関係が急速に崩れる可能性は低く、この市場での競争力は当面揺るがな

	95/3	96/3	97/3	98/3	99/3
個人保険新規契約高（億円）	43,151	46,080	46,748	46,451	470,552
個人保険保有契約高（億円）	351,586	363,320	375,959	381,299	381,053
新契約平均保険金（千円）	16,786	16,254	17,077	13,507	15,720
失効解約率（%）	8.4	8.3	8.4	10.1	10.9
団体年金保有契約高（億円）	24,511	25,473	23,265	24,120	24,250
総資産（億円）	46,376	50,118	50,592	53,464	54,826
うち特別勘定（億円）	1,943	2,138	2,591	2,904	1,856
マーケットシェア（%）	2.6	2.7	2.7	2.8	2.9
基金または資本金（億円）	0	0	350	350	350
収入保険料（億円）	11,358	11,514	11,052	11,669	11,914
剰余金または利益金（億円）	412	419	630	483	430
ソルベンシー・マージン比率（%）				1016.8	998.0

（注）　個人保険新規契約高は転換純増を含む。マーケットシェアは総資産

いだろう。

◇健全性を重視した経営

大手、中堅生保のなかで、大同生命は支払い余力や収益力、資産の質について総じて良好な水準を確保している。ソルベンシー・マージン比率九九八％（九九年三月期）は大手、中堅生保で最も高い。大同生命は業界で唯一、ソルベンシー・マージン比率の内訳を開示しており、これを見ると、株式や土地の含み益が寄与している部分は小さく、劣後ローンなども取り入れていないことがわかる。

大同生命は、資産含み益に頼らない経営を行うために、価格変動リスクが大きい株式や外国証券などへの投資は一定範囲内にとどめ、公社債などに資金を重点配分してきた。特に、バブル崩壊寸前には財務部門スタッフの提言を採用し、政策保有の株式をかなり売却。売却で得た資金をハイクーポンの公社債に投入した。営業面で大企業との関係をあまり意識しなくてすむという大同ならではの事情もある（それでも相当反対があったようだ）が、この時の「英断」のおかげで、大同生命は支払い余力や収益が株価下落の影響を受けにくい構

造となっている。

一方、逆ざや拡大による圧迫もあるが、基礎的な収益力は依然として良好である。定期保険を主力としており、かつ個人保険の平均保険金額が高いこと、早くからコスト削減に取り組んできたこと、ハイクーポンの公社債を保有していることなどが、大同生命の収益を支えている。不良債権問題でやや苦しんだ時期もあるが、現状の資産内容や引当水準からすると、今後は不良債権の処理が収益面で大きな負担になるとも考えにくい。

二〇〇〇年二月に発表された組織変更計画では、契約管理部門とシステム部門の分社化が打ち出され、二〇〇二年四月を目標に株式会社化・上場を目指すための組織も設けられた。他方、太陽生命との業務提携を意識したと思われるようなものは一つもないようだ。九九年には大がかりな人事交流を行うなどの動きが見られたが、空気が変わったのだろうか。

協栄生命保険株式会社

◆会社の概要

民間生命保険各社の出資により設立された協栄生命再保険会社を前身とし、戦後現在の生命保険株式会社として発足。公務員や同業組合などを中心に独自の営業地盤を持つ。再保険業務をはじめ、設立当初から広く海外に向けて事業活動を展開している。

〈沿革〉

1936年	民間生命保険各社の出資によって協栄生命再保険㈱設立
47年	協栄生命保険㈱として発足
54年	外国保険会社と再保険協約を締結
63年	個人年金保険を発売
64年	協栄計算センター（現アイネス）設立
67年	東南アジア生命保険振興センターを設立
70年	ブラジル協栄保険㈱を設立
99年	第一火災海上保険と提携
2000年	協栄リンカーン再保険サービスを設立

〈販売チャネル〉

募集代理店もあるが、主力は営業職員チャネルによる対面販売。99年３月末の営業職員数は約12,000名。独自の「ファイナンシャル・アドバイザー」講座を開設。

〈主なグループ会社〉

- ブラジル協栄保険
- 協生証券
- 第一投資顧問
- 協生リース
- 協栄リンカーン再保険サービス
- 協栄年金ホームなど

〈R & I 格付け〉

保険金支払い能力格付け　B+

◆教職員団体など特定基盤に強み

協栄生命は大手、中堅生保のなかでは最後発で、特定の企業グループにも属していなかった。そこで、学校の教職員団体など全国的な組織を持つ団体などと提携し、その構成員に合ったオーダーメードの定期保険など独自商品を開発することで事業基盤を拡大してきた。独自戦略が功を奏し、個人保険の保有契約高は大手七社に次ぐ第八位を占めるまでになった。昨今の信用力低下の影響で業績不振が続いているが、それでも提携団体だけを見るとやや底堅いという傾向がうかがえた。

高齢化社会を先取りする戦略にも定評がある。一九六三年にはいち早く個人年金保険を発売した。六五年には個人年金の一時払いを活用し、医療、食事、住居を生涯にわたり保証する「協栄年金ホーム」を千葉県に開設した。現在では全国五カ所で運営している。

また、協栄生命再保険会社を前身としていることもあり、内外の生命保険会社や再保険会社と再保険協約を結んでおり、特に欧米の生保や再保険会社とは長期にわたる取引を通じた信頼関係を築いている。生保では損保に比べ引き受ける保険リスクが比較的安定しているため、再保険のニーズは少なかったが、商品の多様化が進むなかで生保でも再保険のニーズが高まる可能性がある。例えば、協栄生命では引受保険対象に優良体保険（健康な人ほど保険料が安くなる保険など）も加えるようになっている。

◆苦境をどう乗り切るか

しかし、協栄生命の現状は厳しい。個人保険の保有契約高は九七年三月期をピークに大きく減っており、新規契約高を解約失効高が上回る状態が続いている。九九年九月上半期の新規契約高は前年同期に比べ二割以上も落ち込んだ。保障性商品の拡販や本社組織のスリム化、あるいは「顧客総訪問運動」な

	95/3	96/3	97/3	98/3	99/3
個人保険新規契約高(億円)	83,216	83,550	75,251	54,093	48,228
個人保険保有契約高(億円)	462,942	487,424	498,508	471,241	445,928
新契約平均保険金(千円)	10,830	11,825	12,192	9,763	9,065
失効解約率(%)	8.9	10.0	10.6	14.3	13.1
団体年金保有契約高(億円)	11,500	11,451	9,377	6,732	6,135
総資産(億円)	54,357	57,633	57,250	52,458	50,803
うち特別勘定(億円)	594	689	861	192	153
マーケットシェア(%)	3.1	3.1	3.0	2.8	2.7
基金または資本金(億円)	1	2	4	258	528
収入保険料(億円)	9,438	8,962	8,136	7,466	6,846
剰余金または利益金(億円)	358	364	356	256	347
ソルベンシー・マージン比率(%)				300.7	343.2

(注) 個人保険新規契約高は転換純増を含む。マーケットシェアは総資産

どで何とか業績を改善しようとしているが、契約者の生保離れや会社選別の動きの影響を強く受けており、業績の回復はそう簡単ではないだろう。

現在の厳しい状況を招いた理由は、バブル期から数年前まで貯蓄性の高い商品の販売に傾斜したことがあげられる。ここ数年は貯蓄性商品の販売を極力抑えているが、かつては営業職員が売りやすい養老保険や個人年金を中心に販売したと見られる。その結果、平均予定利率は四・〇%と比較的高水準にあり、毎期多額の利差損に苦しんでいる。高い予定利率の一時払い養老保険の満期が到来しても、低金利でそれ以上に利息配当金収入が減ってしまい、逆ざやは一向に解消しない。

逆ざやに加え、保有契約(個人保険)の平均保険金額が七〇〇万円程度と小さく、大手に比べ事業費率(対収入保険料)も高い。このため、基礎的な収益力は見劣りし、資産売却益に依存した構造となっている。人員削減などのリストラ効果が期待できるうえ、二〇〇〇年二月にはシステム部門を親密会社のアイネスにアウトソーシングするなど大幅な経費削減にも着手している。しかし、今後の金利水準や契約動向

次第では基礎的な収益力が思うように改善しない可能性がある。

支払い余力や資産の質も良好とは言いがたい。九九年三月期末のソルベンシー・マージン比率は三四三％を確保した。だが、増資（優先株式の発行を含む）に加え、劣後ローンの取り入れ四五五億円や財務再保険の導入（受入手数料残高は四〇〇億円）など様々な手段を駆使している。

しかも、株式や外貨建て資産を中心に多額の含み損を抱え、資産内容は劣化している。九九年九月末の有価証券含み損は一一〇〇億円に達した。増資見合いで金融機関向け投融資を実行しているため、例えば一般貸付金に占める劣後ローンの比率は二割近くになっている。

なお、協栄生命は株式会社形態であるため、二期連続で期末に第三者割当増資を実施し、資本金を数億円のレベルから五二八億円に拡大することができた。特定基盤の存在もあり、日本団体生命のように外資系などとの連携で苦境を乗り切る選択肢もありえよう。ただし、二〇〇〇年一月に発表された米大手生保グループ・リンカーン社との協力は、あくまでも再保険の分野に限ったものだった。

富国生命保険相互会社

◇会社の概要

官公庁や大企業など職域市場を強みとする。堅実な経営姿勢をつらぬき、不良債権や変額保険などの問題とは無縁。早くから「保有純増主義」を経営の基本方針に置き、特に解約失効率の低さには定評がある。

〈沿革〉

1923年　富国徴兵保険㈱創立（初代社長は根津嘉一郎）
45年　富国生命保険㈱に社名変更
62年　業界初の純保険料式責任準備金の積み立てを実施
96年　日新火災海上保険と業務提携
99年　英 CGU グループと資産運用業務で提携
安田生命保険と業務提携を発表

〈販売チャネル〉

営業職員チャネルによる対面販売が主力だが、募集代理店チャネルも強化している。99年3月末の営業職員数は約11,000名。

〈主なグループ会社〉

・富国生命投資顧問
・富国信用保証など

〈R & I 格付け〉

保険金支払い能力格付け　A+

◆保有純増主義の徹底

大手、中堅生保が軒並み個人保険の保有契約高を大きく減らすなか、富国生命はただ一社、わずかではあるが保有契約高を伸ばし続けている。九九年九月上半期も前年同期比で〇・九％増と保有契約高の純増を達成した。大手他社のような高額割引に加え、九九年六月からは、死亡保障と医療保険のパッケージ商品の場合にはさらに保険料を割り引く制度を始めている。

富国生命の特徴は、解約失効契約高が極めて小さいことにある。大手、中堅各社の解約失効率（年始の保有契約に対しどれだけの解約失効があったかを示すもの）が八％台を上回っており、二期連続で一〇％以上の会社も見られるなかで、富国生命は七％とダントツで低い。主力商品は大手生保と同じく定期付終身保険であるだけに、この数字が意味するところは大きい。

近年は各社が「保有純増」を経営の柱に掲げているが、富国生命はバブル期以前から「保有純増主義」を経営の基本方針にしている。新契約が容易にとれた時代でもむやみに規模を追わず、優良契約の獲得とアフターフォローの徹底による失効・解約の防止に努めてきた。バブル期に各社が一時払い養老保険をはじめ高い予定利率の商品の販売に走った時も、富国生命は抑制スタンスをとった。変額保険については初めから販売を見送ったため、その後の訴訟沙汰に巻き込まれずにすんだ。近年では、本社・支社部門からのバックアップを強化するなど保有純増主義を再徹底している。

富国生命は今後とも保有純増を掲げ、むやみに事業範囲を拡大せず死亡保障を中心とした生保事業を経営の基軸とする方針である。死亡保障市場の縮小傾向が続くなかで競合環境はますます激化しており、今後どのような経営戦略をとっていくのか注目したい。

	95/3	96/3	97/3	98/3	99/3
個人保険新規契約高(億円)	41,851	39,163	38,121	35,132	33,265
個人保険保有契約高(億円)	116,113	121,872	125,103	109,366	109,306
新契約平均保険金(千円)	8,469	8,190	8,230	7,414	6,776
失効解約率(%)	5.8	6.1	6.2	7.0	7.0
団体年金保有契約高(億円)	12,932	13,785	15,139	16,478	17,137
総資産(億円)	37,295	39,325	41,283	43,026	44,687
うち特別勘定(億円)	188	272	1,180	1,401	1,649
マーケットシェア(%)	2.1	2.1	2.2	2.3	2.4
基金または資本金(億円)	0	0	10	10	10
収入保険料(億円)	7,505	7,030	8,579	7,971	7,280
剰余金または利益金(億円)	295	288	322	263	499
ソルベンシー・マージン比率(%)				722.4	820.6

(注)　個人保険新規契約高は転換純増を含む。マーケットシェアは総資産

◆収益力を維持していけるか

個人保険の保有契約高は約三四兆円、総資産は約四・五兆円と、大手に比べ規模の面でやや見劣りするのは事実だが、過去に貯蓄性の高い商品に傾斜しなかったことや、効率性の高い業務運営が規模のハンディキャップをカバーしており、安定した収益力を維持している。もちろん、保有契約高が増え続けていることは大きい。

事業基盤である官公庁や大企業を中心とする職域市場は、募集効率や顧客層の特質から死差益や費差益を上げやすい面がある。また、大型死亡保障と医療保険のパッケージ商品に注力しており、収益の下支えに寄与している。いわゆる第三分野規制から大手七社は医療保障を特約という形でしか取り扱えないのだが、富国生命にはこの規制がプラスに働いている。医療保険は特約に比べ保障の範囲が広い。富国生命の代表的な死亡保障商品では、実に九五%が医療保険に加入しているそうだ。

今後、処理が必要なのは含み損を抱えた投信（九九年九月末で一六〇億円程度）くらいで、株式や土地で多額の資産含み益を抱えていることもあって、ほとんど問題ない。国内公

社債や貸付金を中心とした保有資産構成となっており、株価や為替など過度な市場リスクを抱えてはいない。この点も外部から「勝ち組」と称される理由だろう。

だが、超低金利状態の長期化や価格競争の進展など収益を圧迫する要因も多い。中期的に見れば、規制環境の変化も経営を揺さぶる要素であろう。主力の職域市場は構成員契約ルールという規制によって守られている面があり、規制の是非はともかく、規制が撤廃された際にはどのような影響が出るか。医療保険についても同じことが言える。

これに対し、富国生命はさらなる効率化と提携戦略に生き残りをかける。もともと、事業費の削減には積極的な会社だが、今回は仕事の見直しやアウトソーシングなどにより事務のあり方を構造的に変革することで事業費を大幅に削減する。

提携戦略についても着実に進めている。九九年二月に英国最大手の保険会社であるＣＧＵグループの投資顧問会社と資産運用面で提携し、年金資金の運用の一部を委託している。また、安田生命との業務提携に基づき、二〇〇〇年四月から損保ビジネスの共同展開やシステム投資の効率化、コールセンターの共同運営など様々な事項で「実利優先の協働活動」に着手する。

千代田生命保険相互会社

◇会社の概要

千代田火災海上保険、東海銀行、中央信託銀行、トーメンとともに「さつき会」グループのメンバー。二〇〇一年三月期からコアビジネスとして個人向け保障性商品および医療保険分野に経営資源の集中を進める。

〈沿革〉

1904年	千代田生命保険(相)として創業（日本初の英米型相互組織を採用）
48年	業界で初めて団体定期保険を発売
50年	業界で初めて団体年金保険を発売
70年	千代田火災海上保険、東海銀行、中央信託銀行、トーメンとともに「さつき会」誕生
98年	ユナム・ジャパン傷害保険と販売提携
99年	ユナム・ジャパンとの提携を拡大「経営革新計画」を発表（本格的な事業再構築）
2000年	執行役員制度の導入

〈販売チャネル〉

募集代理店もあるが、営業職員チャネルによる対面販売が中心。99年３月末の職員数は約14,000名。スマイル（笑顔）、スピード（迅速）、サティスファクション（満足）の「3-S 活動」を展開している。

〈主なグループ会社〉

・千代田投資顧問
・千生総合管理
・千代田信用保証
・キャピタルリースなど

〈R & I 格付け〉

保険金支払い能力格付け　B+

◆信用力の低下に歯止めがかかるか

千代田生命はここ数年、販売力や信用力の低下に苦しんでいる。八〇年代後半から九〇年代初頭にかけて実施した不動産関連融資などが焦げつき、多額の不良債権を抱えることになった。これが千代田生命の信用力が低下した最大の要因である。近年になってようやく急ピッチで処理を進めてきているが、今度は多額の有価証券含み損を抱えてしまった。

業績の不振は深刻だ。九八年三月期の個人、個人年金保有契約高は一二・二%減、九九年三月期は八・七%減と大きな落ち込みが続いている。解約失効高は一時に比べれば落ち着いているが、依然新規契約高を大きく上回る水準だ。営業職員がここ二年間で二割近くも減っているが、職員当たりの新契約高も悪化しており、販売組織はかなり弱体化していると言えよう。

総資産はピークの九六年三月期末（六・四兆円）から二兆円以上も減少した。これは個人保険のほかに、団体年金の流失が大きい。九九年上半期でも一般勘定、特別勘定ともに資金流出が続いており、信用力の低下を嫌気した年金基金など委託者が離れていることがうかがえる。

保有契約減少の影響は費差益、死差益の縮小という形で表れている。利差損も実質的に拡大しており、基礎的な収益力は急速に悪化している。過去のコスト削減策や医療保険関係の強化策による成果が食われている。金利水準や契約動向次第では収益悪化に歯止めがかからないことが懸念される。

最大の懸案事項であった不良債権問題では、九九年三月期に九二七億円を償却し、貸付金の内容は改善に向かっている。その一方で株式や外国証券を中心に多額の有価証券含み損を抱え、九九年九月末の有価証券含み損は一六〇〇億円に達した。しかも、株価や為替など保有資産の市場リスクはむしろ大きくなっている。

	95/3	96/3	97/3	98/3	99/3
個人保険新規契約高（億円）	69,340	61,339	53,692	38,462	33,599
個人保険保有契約高（億円）	444,254	449,855	446,041	391,990	356,895
新契約平均保険金（千円）	7,428	7,426	7,327	8,235	8,790
失効解約率（%）	9.5	11.2	11.3	19.1	14.7
団体年金保有契約高（億円）	29,957	30,165	25,573	16,175	12,200
総資産（億円）	63,962	64,425	58,162	50,282	43,599
うち特別勘定（億円）	2,370	2,632	3,495	2,019	1,294
マーケットシェア（%）	3.6	3.4	3.1	2.6	2.3
基金または資本金（億円）	0	0	10	510	510
収入保険料（億円）	1,075	9,941	8,600	7,801	5,984
剰余金または利益金（億円）	252	363	248	160	498
ソルベンシー・マージン比率（%）				314.2	396.1

（注）　個人保険新規契約高は転換純増を含む。マーケットシェアは総資産

九九年三月末のソルベンシー・マージン比率は三九六％を確保した。ただ、ソルベンシー・マージン総額二九三四億円に対し、返済前の基金が四〇〇億円、劣後特約付き債務（劣後ローンと劣後債）が一三七一億円にもおよんでおり、外部調達への依存度が高い。

◆コアビジネスへの集中

このような逆風のなか、千代田生命も黙って手をこまねいているわけではない。医療保険の新商品（業界で初めて一泊二日の入院も保障する商品）を投入。米損保ユナム社との提携を強化し、ユナム社が日本で初めて商品化した「個人向け長期就業不能所得補償保険」と千代田生命の医療保険のセット販売も開始した。「千代田生命サービスセンター」の開設を準備しており、第一弾として九九年六月に「テレフォンセンター」がスタート。今後は「相談センター」や「事務処理センター」を段階的に立ち上げる。

そして、九九年九月には、コアビジネスへの集中化やアウトソーシング・分社化などを柱とする「経営革新計画」を発表した。今後は個人向け保障性商品と医療保険分野をコアビ

ジネスと位置づけ、経営資源を集中化する。コアビジネス以外の企業保険分野や契約保全サービス、システム開発、証券運用などは分社化などの経営合理化を進めるとともに、外部資源を活用していく方針だ。二〇〇〇年四月からは、本社組織も一五部体制から機能別の六グループ体制へと大幅にスリム化される。

ここまで事業の選択と集中を進めるのは業界でも初めての試みだろう。ただ、もう少し早くビジネスプランが提示されていたらとも思う。契約者の生保離れや会社選別の動きが続くなかで、見込み通り信用の回復を図れるかどうか。

また、東海銀行との関係も気になるところだ。「さつき会」グループといっても、もはや何らかの機能を期待できるとは考えにくい。千代田火災はトヨタ自動車のグループ色を強め、中央信託銀行は三井信託銀行と合併。トーメンは再建途上にある。東海銀行はあさひ銀行とともにスーパーリージョナル（地域）バンクを目指す方針で、しかも二〇〇〇年三月になって三和銀行とも一緒にやっていくことを発表した。そのなかに千代田生命が何らかの形で関わっていける余地があるのだろうか。

日本団体生命保険株式会社

◇会社の概要

日本初の団体保険専門会社としてスタート。個人保険への本格参入は一九六〇年代後半からと後発だが、全国の商工会議所と共済制度で提携するなど独自路線を展開している。九九年十一月にフランスの大手保険会社であるアクサグループの傘下入りで合意。

〈沿革〉

1934年	日本団体生命保険㈱、団体保険専門会社として創業、戦後、個人保険分野へ進出
67年	「商工会議所共済制度」スタート
73年	無配当新定期保険を発売
76年	医療保険を発売
96年	全国商工会議所の専務理事で構成する「ベストウイズクラブ」設立
98年	終身医療保険「健康宣言・エルダ」を発売
99年	フランス・アクサグループとの提携を発表

〈販売チャネル〉

営業職員、内勤職員、募集代理店の3チャネル体制。営業職員チャネル（99年3月末の職員数は約5,600名）が商工会議所市場を担当し、内勤職員が大企業などの団体保険市場を当たっている。

〈主なグループ会社〉

・日団信用保証
・日団生命リースなど

〈R & I格付け〉

保険金支払い能力格付け　（BBB）

（注）（　）は「レーティング・モニター」に指定されていることを示す

◆商工会議所との結びつきは強い

もともと団体保険を専門とする会社で個人保険への本格参入が遅かった。そこで大企業ではなく中小企業をターゲットに据え、商工会議所の会員事業所に対しオーダーメードの各種共済制度を提供してきた。現在、日本団体生命の商品は全国五二三の商工会議所のうち五二〇カ所で採用されている。九六年には全国商工会議所の専務理事が共済制度を推進し、日本団体生命の活動を支援する組織である「ベストウイズクラブ」を設立。九八年の増資の際には四七五の商工会議所にも株主となってもらうなど、商工会議所との結びつきは非常に強い。営業職員の大半も会議所市場に投入している。

もう一つの柱は医療保険である。七六年の発売以来、二〇〇万名が加入しており、業界トップ（がん保険を除く）の保有契約高を確保している。九八年に発売した終身医療保険「健康宣言・エルダ」はヒット商品となり、死差益の拡大につながっている。

◆外債投資で巨額の含み損を抱える

一方、財務面では課題が多かった。支払い余力は九五年三月期を底に改善傾向にあるが、依然として脆弱である。負債コストと資産運用利回りの逆ざやも収益を圧迫している。過去に拡販した高利率の貯蓄性商品のウエートが高く、平均予定利率が高止まりしている。しかも、商工会議所市場の特性から一件当たりの保険金額が小さいため、大型保障商品を中心に販売している大手生保のような高収益が期待できない。

高い負債コストを少しでもカバーするために、日本団体生命はここ数年、外債投資を積極的に行ってきた。九七年三月期、九八年三月期と為替リスクをとった戦略が功を奏したが、最近は完全に裏目に出

	95/3	96/3	97/3	98/3	99/3
個人保険新規契約高（億円）	21,426	20,466	21,717	16,735	14,918
個人保険保有契約高（億円）	117,708	126,591	138,336	132,349	128,211
新契約平均保険金（千円）	4,634	3,976	4,100	3,876	2,759
失効解約率（%）	8.1	8.3	8.2	14.8	11.5
団体年金保有契約高（億円）	16,594	16,669	14,712	12,273	11,169
総資産（億円）	38,494	40,659	40,473	36,584	36,574
うち特別勘定（億円）	74	101	162	148	144
マーケットシェア（%）	2.2	2.2	2.1	1.9	1.9
基金または資本金（億円）	1	5	18	18	222
収入保険料（億円）	6,678	7,150	6,697	6,595	5,862
剰余金または利益金（億円）	242	288	322	263	499
ソルベンシー・マージン比率（%）				308.6	377.5

（注）　個人保険新規契約高は転換純増を含む。マーケットシェアは総資産

ている。為替リスクが支払い余力や収益力に対し過大であると見ていたが、九九年九月末には円高により一五〇〇億円を超える外国証券の含み損を抱えてしまった。確かに外債投資によってインカムゲインのベースでは逆ざやがかなりカバーされているが、かえって財務内容を悪化させてしまった。

◇アクサグループ入りを決断

日本団体生命は九九年十一月、世界最大規模の保険会社であるアクサと二〇〇〇年三月までに共同持ち株会社「アクサニチダン保険ホールディング」を設立し、この持ち株会社の下に現在の日本団体生命とアクサ生命（アクサの日本法人）が入ると発表した。持ち株会社の傘下で日本団体生命（ニチダン生命と改称）は大企業などホールセール分野を担当し、商工会議所などリテール分野はアクサ生命（アクサ・ニチダン生命と改称）に移行する。この際、日本団体生命の営業職員組織もアクサ・ニチダン生命に移ると考えられる。同時にアクサは二〇〇〇億円規模の資本を段階的に投入し、日本団体生命の外債含み損を消すとともに、最終的には共同持ち株会社の株式の約九五％を保有する。

アクサはベベアール会長の下で八〇年代以降、M&Aにより急成長したグループである。米国では経営が悪化した大手生保エクイタブルを傘下におさめ、近年も英国やベルギーなどで超大型のM&Aを実施している。今後は特にアジア太平洋地域に重点を置いているようで、今回の日本団体生命の件もその一環だろう。

破綻した東邦生命の場合、外資系（GEキャピタル）との提携といっても「新旧分離方式」で、旧会社には逆ざやなど負の遺産が取り残されてしまう。だが、アクサと日本団体生命の資本提携ではアクサが日本団体生命の既契約の責任を持つ形となっている。もちろん、合併ではないので傘下の子会社を見捨てるという選択肢もあるが、日本団体生命に一〇〇〇億円以上をつぎ込む以上、そのような話にはならないと考えるのが自然だろう。

今回、外資との資本提携が実現したのは、日本団体生命が商工会議所に強い基盤を持つことに加え、株式会社形態である点も見逃せない。株式会社の方が経営の選択肢が多いという事実を証明した形になった。

第百生命保険相互会社

◇会社の概要

家庭市場が事業基盤で、常陽銀行をはじめ関東地方の有力地銀などと親しい。

〈沿革〉

1914年	日華生命保険㈱創業
41年	第百生命徴兵保険㈱と改称
45年	第百生命保険㈱と改称
47年	第百生命保険㈶として再出発
61年	貯蓄保険を発売
98年	日本初のノンスモーカー保険「すいません」発売
99年	カナダの大手生保マニュライフ・ファイナンシャルと提携

〈販売チャネル〉

マニュライフ・センチュリー生命に新規保険契約の募集に関わる事業を譲渡したため、販売組織は抱えていない。

〈主なグループ会社〉

- ・マニュライフ・センチュリー生命保険
- ・第百生命投資顧問
- ・第百信用保証
- ・第百リースなど

〈R & I 格付け〉

保険金支払い能力格付け（op 格付け）
CCC+ op

（注） op格付けは依頼に基づかない格付け

◇合併に期待したいが

第百生命は九九年三月、カナダの大手生保マニュライフ・ファイナンシャルと提携し、新しい生命保険会社（マニュライフ・センチュリー生命）を設立。新規契約に関わる営業権を譲渡し、既契約に関する管理業務および資産運用業務に特化する会社となった。営業権の譲渡や財務再保険により八〇〇億円以上の資本等を導入し、資産の健全化と内部留保

	95/3	96/3	97/3	98/3	99/3
個人保険新規契約高（億円）	42,074	41,392	37,546	23,844	24,751
個人保険保有契約高（億円）	204,917	218,433	223,946	201,491	182,341
新契約平均保険金（千円）	8,109	9,692	9,599	7,610	8,850
失効解約率（%）	11.0	11.9	13.3	19.1	19.3
団体年金保有契約高（億円）	9,349	9,413	7,132	3,730	2,540
総資産（億円）	34,398	35,274	33,186	27,624	24,671
うち特別勘定（億円）	997	1,127	1,323	256	311
マーケットシェア（%）	1.9	1.9	1.8	1.5	1.3
基金または資本金（億円）	0	0	10	200	200
収入保険料（億円）	6,448	5,597	5,004	4,367	3,528
剰余金または利益金（億円）	71	119	71	53	49
ソルベンシー・マージン比率（%）				294.6	304.6

（注）　個人保険新規契約高は転換純増を含む。マーケットシェアは総資産

の充実を図った。

もともと貯蓄性の高い商品を主力としていたうえ、過去に調達コストの高い商品にやや傾斜したこともあり、負債コストと資産運用利回りの逆ざやが大きな負担となっていた。支払い余力や資産内容も改善の余地が大きかった。九九年三月期は日本初のノンスモーカー保険「すいません」効果で新規契約高がプラスに転じたが、個人保険の保有契約高はこのところ大幅な落ち込みが続いていた。

営業権の譲渡で新契約に伴うコストがかからなくなったが、提携後も逆ざやは解消せず、収益力は脆弱である。九九年三月末のソルベンシー・マージン比率は早期是正措置の発動基準である二〇〇%以上を確保したが、その後の金融監督庁の検査により虚偽の比率であることが確認され、行政処分を受けた。九九年九月末の有価証券含み損は一二〇〇億円に達し、提携による資本増強を考慮しても財務内容は厳しい状況にあると考えざるをえない。

第百生命の提携は東邦生命と同じ「新旧分離」型である。将来のマニュライフ・センチュリー生命との合併が想定されているとはいえ、果たして順調にたどり着けるかどうか。

東京生命保険相互会社

◇会社の概要

大和銀行・野村証券をはじめとする野村グループに属し、特に大和銀行と親しい。大手町野村ビルをはじめ優良な物件を保有しており、土地の含み益は五〇〇億円以上。医療保険など第三分野のラインナップを強化している。

〈沿革〉

1895年　真宗信徒生命㈱を創業
1914年　共保生命保険㈱と改称
34年　野村生命保険㈱と改称（野村グループ入り）
47年　東京生命保険㈱と改称
89年　東京・内幸町に新本社ビル竣工
94年　大手町野村ビル竣工
96年　朝日火災海上保険と業務提携
98年　米RGA社と商品開発提携

〈販売チャネル〉

募集代理店もあるが、営業職員チャネルがメイン。99年3月末の営業職員数は約3,000名。

〈主なグループ会社〉

・東生総合リース
・東生スポーツ倶楽部など

〈R＆I格付け〉

保険金支払い能力格付け　BB

◇新経営計画を開始

このところ業績の低迷が続いている。九九年三月期の個人、個人年金保有契約高は二期連続で大幅なマイナスとなった。九九年三月期の新規契約高は、成績計上方法の変更という特殊要因を考慮しても落ち込み幅が二割と大きいうえ、解約失効高も依然、新規契約を大きく上回る水準にある。東京生命の後援組織である「蔦の会」との連携を強化するなど、営業職員チャネルの立て直しを図っているが、現状は厳しいようだ。

このような状況を打破するため、東京生命は新経営計画「ＮＥＷ　ＳＴＡＲＴ　21計画」を開始し、「収益性・効率性を徹底的に追求した存在感のある会社」作りを進めている。販売面では支社組織を改編し、戦略的重点市場には総合支社を設置する一方で、営業に特化した支社を設置した。

また、商品面ではすでに、これまでのフルライン戦略から死亡保障と第三分野に特化する戦略を打ち出しており、その一環として九八年十二月に米ＲＧＡ社と商品開発について提携。九九年四月には無配当終身医療保険を発売するなど第三分野の強化を進めている。ただ、医療保険の分野は商品開発競争が極めて激しくなっているうえ、二〇〇一年に第三分野解禁を控え、こうした戦略がどの程度保有契約の増加に貢献するかは不透明である。

他方、大和銀行・野村証券をはじめとする野村グループとの連携をさらに強化する。もともと野村グループの存在は重要な営業基盤となっており、同じ野村グループの朝日海上火災保険とは業務提携を結び、生損保併売を実施している。特に今回は、関西回帰を明確に打ち出し、地元地銀との連携を深めている大和銀行との関係を強化するため、関西地区の組織再編などに取り組んでいる。確かに、新たに大和銀行グループとなった近畿大阪銀行などは、新規の顧客基盤として期待できるのかもしれない。

	95/3	96/3	97/3	98/3	99/3
個人保険新規契約高(億円)	8,898	10,220	10,081	8,628	6,829
個人保険保有契約高(億円)	69,023	70,673	71,850	67,828	63,699
新契約平均保険金(千円)	8,983	9,293	9,916	9,584	7,901
失効解約率(%)	9.1	10.3	10.3	14.9	12.7
団体年金保有契約高(億円)	5,550	5,562	4,872	3,313	3,122
総資産(億円)	19,116	15,561	14,685	13,287	12,399
うち特別勘定(億円)	315	356	612	186	257
マーケットシェア(%)	0.8	0.8	0.8	0.7	0.7
基金または資本金(億円)	0	0	10	150	150
収入保険料(億円)	2,352	2,344	2,112	2,098	2,070
剰余金または利益金(億円)	948	117	85	68	56
ソルベンシー・マージン比率(%)				431.6	478.7

(注) 個人保険新規契約高は転換純増を含む。マーケットシェアは総資産

顧客の生保離れや選別強化という流れのなかで、今回の経営計画が目論見通りに保有契約の減少に歯止めをかけ、収益改善が図れるかどうか注目したい。

◆収益、財務面の改善余地は大きい

東京生命は、ディスクロージャー資料の表紙にもなっている三つの主要なビル（芝ビル、新橋の本社ビル、大手町野村ビル）を中心に優良な物件を保有している。その含み益は九九年九月末で五〇〇億円以上となっており、東京生命の規模を考えれば引き続き大きな金額である。

この土地含み益が寄与し、九九年三月期末のソルベンシー・マージン比率は四七八％と、その前年を上回る水準を確保した。しかし、ソルベンシー・マージン総額一二〇〇億円に対し、土地含み益（九九年三月末で七八七億円）や劣後ローン（同四〇〇億円）などのウエートは大きく、これらを除いた狭義の支払い余力は引き続き脆弱である。しかも、期間収益による内部留保拡充は当面期待しにくく、株価水準にもよるが、支払い余力を確保し続けるには引き続き劣後ローンなどの外部調達も考えられよう。

基礎的な収益力も依然として見劣りする。過去に個人年金など負債コストの高い貯蓄性商品にやや傾斜したこともあり、平均予定利率は四％強とやや高めである。九九年三月期はかつての高予定利率商品がだいぶなくなり、公表された逆ざや額は大手、中堅生保のなかで唯一前年を下回った。ただ、保有契約の減少で人件費削減などのリストラ効果が相殺され、当面の収益は資産含み益に依存した形が続かざるをえない。

財務面のもう一つの懸念材料は、保有資産の偏りである。九九年九月末の保有資産構成を見ると、株式が二割以上を占め、外貨建資産も一四％にのぼっている。つまり、資産価格の変動により支払い余力や収益が圧迫されやすい構造になっているということで、実際にここ数年で株式や外国証券の含み損が急拡大している。金融機関向け投融資も本体向けだけで総資産の二割を占めており、総じて保有資産構成の偏りが目立つ。金融資産の時価会計導入が迫っているなかで、保有資産構成をどのように再構築していくかに注目したい。

平和生命保険株式会社

◆会社の概要

一般家庭など地域市場を事業基盤とする中小生保で、家庭の主婦など女性にウエートを置いた販売戦略をとっている。カード会社との提携による会員向け通信販売なども手がける。二〇〇〇年二月に米エトナグループが株式の九割以上を取得した。

〈沿革〉

1907年	横浜生命保険㈱として営業開始
1935年	板谷生命保険㈱と改称
47年	平和生命保険㈱として再発足
73年	日本ダイナースクラブと提携し通信販売を開始
99年	米エトナ・インターナショナルと株式譲渡など全面提携を発表
2000年	エトナヘイワ生命保険㈱と改称

〈販売チャネル〉

営業職員チャネルが中心だが、募集代理店チャネル、通販チャネルも。99年3月末の営業職員数は約1,600名。2000年6月からエトナのノウハウを導入した新しい営業形態をスタート。

〈主なグループ会社〉

・平和情報センター
・平和生命リースなど

〈R & I 格付け〉

保険金支払い能力格付け　(BBB)

(注)(　)は「レーティング・モニター」に指定されていることを示す

◆外資との提携に活路

平和生命は九九年十一月、米エトナ・インターナショナルとの全面提携を発表し、エトナは平和生命の株式の三割を取得した。さらに二〇〇〇年二月にはエトナ・インターナショナルが公開買い付けで平和生命株の九二%を取得することになった。四月から社名を「エトナヘイワ生命保険」と変更

	95/3	96/3	97/3	98/3	99/3
個人保険新規契約高（億円）	3,160	3,239	3,045	3,178	3,008
個人保険保有契約高（億円）	23,079	23,238	23,119	22,506	22,033
新契約平均保険金（千円）	7,181	6,761	6,231	6,963	5,432
失効解約率（%）	10.1	11.1	10.8	13.1	12.2
団体年金保有契約高（億円）	1,101	902	552	357	260
総資産（億円）	5,875	5,956	5,697	5,591	5,464
うち特別勘定（億円）	−	−	−	−	−
マーケットシェア（%）	0.3	0.3	0.3	0.3	0.3
基金または資本金（億円）	1	1	4	4	9
収入保険料（億円）	926	909	843	780	748
剰余金または利益金（億円）	16	19	17	21	13
ソルベンシー・マージン比率（%）				591.8	578.5

（注）　個人保険新規契約高は転換純増を含む。マーケットシェアは総資産

し、エトナ社は平和生命の経営に全面的に参画する。

エトナ・インターナショナルは米大手健康保険・金融サービス会社であるエトナ社の保険子会社である。エトナ社は近年の積極的なM&Aにより全米トップの健康保険会社となった。子会社のエトナ・インターナショナルは世界一六カ国で事業展開しているが、特に台湾では八七年の進出以来、短期間のうちに急成長している。

平和生命は過去に個人年金を主力としてきたこともあり、負債コストと資産運用利回りの逆ざやが大きく、利差損が収益を圧迫。資産含み益に依存した収益構造からの脱却が最大の課題となっている。不動産含み益は依然会社の規模に比して潤沢であるが、抜本的な収益構造の改善がなされない限り、支払い余力が低下圧力を受け続ける構造だ。また、販売チャネルの効率性が極めて低いという弱点も抱えていた。

新会社ではこれらの弱点をどう克服するかがポイントになる。従来の営業形態に加え、エトナ社が海外で導入している「キャリア・エージェンシー・システム」という営業形態を日本でもスタートする。二四時間体制のコールセンターも予定されており、エトナ流の経営スタイルで再建を目指す。

大和《やまと》生命保険相互会社

◇会社の概要

家庭市場を事業基盤とする中小生保。メーカー出身という異色のトップを迎え、新経営戦略「イノベーション21」で経営体質の強化と効率性、独自性を追求している。

〈沿革〉

1911年	日本徴兵保険を設立
30年	日比谷公園前に本社社屋落成
45年	終戦とともに普通保険に転向（大和生命保険㈱）
47年	大和生命保険㈶として再発足
98年	新経営戦略「イノベーション21」がスタート
99年	「更新型養老保険」「ガン保障付積立保険」「無配当定期保険」を発売

〈販売チャネル〉

営業職員チャネルが中心だが、募集代理店チャネルも強化している。以前は営業職員を10,000名にするという目標を掲げていたが、効率性を追求する戦略に変えている。99年3月期末の職員数は約1,900名。

〈主なグループ会社〉

・大和不動産（ビル管理業務）など

〈R & I 格付け〉

保険金支払い能力格付け（op 格付け）

BB+ op

（注） op格付けは依頼に基づかない格付け

◇経営体質の強化

九八年に就任したメーカー出身の野々宮恵司社長のもとで、新経営戦略「イノベーション21」を推進し、社員の意識改革を含めた経営体質の強化に取り組んでいる。支社ごとの独立採算制度の徹底や、今までとは違うマーケティング手法を使った新商品戦略など、生保業界にない斬新な発想を次々に打ち出している。九八年三月期には

	95/3	96/3	97/3	98/3	99/3
個人保険新規契約高(億円)	3,254	4,029	3,983	3,356	2,858
個人保険保有契約高(億円)	15,846	16,618	17,178	16,027	14,648
新契約平均保険金(千円)	6,640	7,241	7,873	7,545	7,038
失効解約率(%)	15.8	18.0	18.3	24.1	22.7
団体年金保有契約高(億円)	549	567	427	357	332
総資産(億円)	2,990	3,196	3,189	3,190	3,001
うち特別勘定(億円)	−	−	−	−	−
マーケットシェア(%)	0.2	0.2	0.2	0.2	0.2
基金または資本金(億円)	0	0	10	10	10
収入保険料(億円)	646	650	558	580	541
剰余金または利益金(億円)	19	30	14	10	7
ソルベンシー・マージン比率(%)				928.7	755.3

(注)　個人保険新規契約高は転換純増を含む。マーケットシェアは総資産

日本で初めて優良資産（本社ビル）の証券化を実施し、内部留保の拡充や含み損資産の一括処理を図った。

販売組織の立て直しは緊急課題である。かつては企業規模の拡大を最優先し、営業陣容一万名体制の確立を掲げてきた。しかし、かえって効率が著しく悪化したため、九八年三月期から保有重視・育成重視の政策に転換した。ただ、目先の業績は職員数による部分も大きく、このところ新規契約高が大幅に減少し、保険金額も小口化している。広域団体チャネルへの取り組みや代理店の強化は理解できるが、既存の販売組織を早急に立て直さない限り、販売力の回復は期待しにくい。

基礎的な収益力は依然、改善の余地が大きい。事業基盤としている家庭市場の特性や規模のハンディキャップもあるが、費差益や死差益が見劣りする。超低金利が続くなかで逆ざやが拡大しており、今後の金利水準や契約動向にもよるが、当面は資産含み益に依存せざるをえない。九九年三月期末のソルベンシー・マージン比率は資産含み益に支えられ七五五％に達しているが、価格下落と益出しにより含み益は年々減少している。

大正生命保険株式会社

◇会社の概要

家庭市場を事業基盤とする中小生保で、中山製鋼所に近い。総資産は二三〇〇億円と、いわゆる既存生保のなかでは最も小さい。二〇〇〇年三月に金融監督庁が早期是正措置を発動。資本増強など経営再建が求められていたが、その後クレアモントキャピタルホールディングとの資本提携が実現した。

〈沿革〉

1913年	大正生命保険㈱創立
48年	日本教育生命を合併
51年	月掛け保険を発売
91年	無配当生存給付特約など無配当の特約3商品を発売
92年	日比谷本社ビル竣工
99年	増資により資本金26億円強になる 新経営3カ年計画「ニューディール計画」開始

〈販売チャネル〉

営業職員チャネルによる対面販売に集中。99年3月末の営業職員数は約1,000名。集金活動を通じた顧客との密着度が高い。

〈主なグループ会社〉

・大正産興（ビル管理業務）

〈R & I 格付け〉

保険金支払い能力格付け（op 格付け）

（B op）

（注）op 格付けは依頼に基づかない格付け。
（　）は「レーティング・モニター」に指定されていることを示す

◇重い逆ざやの負担

家庭の主婦層に向けた短満期の月掛け貯蓄保険（災害倍額保障付きなど）を主力としている。営業職員の集金業務を通じて顧客の固定化、親密化が図られており、大手金融機関の破綻が相次いだ九八年三月期でも個人、個人年金の保有契約高は微減にとどまった。かつては貯蓄保険の利差益に依存した収益構造となっていたが、バブル崩壊後の金利低下で逆に

	95/3	96/3	97/3	98/3	99/3
個人保険新規契約高(億円)	1,170	1,162	1,308	1,333	1,358
個人保険保有契約高(億円)	6,961	7,093	7,375	7,431	7,322
新契約平均保険金(千円)	1,714	1,547	1,836	2,053	1,843
失効解約率(%)	9.0	8.6	8.8	11.1	11.8
団体年金保有契約高(億円)	240	249	170	128	97
総資産(億円)	2,254	2,382	2,335	2,285	2,319
うち特別勘定(億円)	−	−	−	−	−
マーケットシェア(%)	0.1	0.1	0.1	0.1	0.1
基金または資本金(億円)	1	1	4	10	26
収入保険料(億円)	555	564	484	477	509
剰余金または利益金(億円)	6	6	5	3	4
ソルベンシー・マージン比率(%)				334.5	384.6

（注）　個人保険新規契約高は転換純増を含む。マーケットシェアは総資産

利差損が拡大し、会社の経営内容を年々悪化させている。

九九年四月からの新三カ年計画「ニューディール計画」では、貯蓄保険へ過度に依存する「貯蓄体質」からの脱却を目指し、終身保険など保障性商品を主軸にしていく方針だ。しかし、長年貯蓄保険を中心に販売してきた営業職員組織を早期に転換できるかどうか疑問が残る。

基礎的な収益力は低く、逆ざやによる利差損を資産売却益などで補うという厳しい状況が続いている。他方、有価証券は開示ベースで五四億円の含み損（九九年九月末）を抱え、日比谷の本社ビルも証券化した。他社に比べ負債の残存期間が短いため、早期に平均予定利率は低下する。だが、現在のような低金利では当面逆ざやが収益を大きく圧迫し続けることになろう。九九年三月期は増資や劣後ローン取り入れ、ソルベンシー・マージン比率は前年を上回った。しかし、見返りで実行した東京相和銀行など第二地銀向け投融資は、経営破綻に伴い償却する必要が生じている。二〇〇〇年三月には生保初の早期是正措置が発動されたが、クレアモント社との提携で当面の危機は回避した。

あおば生命保険株式会社

◇会社の概要

九七年四月に経営破綻した日産生命保険の契約者保護を目的として生命保険協会により設立された。既契約の維持・管理と資産運用業務に集中。九九年にフランスの投資グループ、アルテミスが買収した。

〈沿革〉

1997年	生命保険協会の100%出資であおば生命設立 日産生命保険の保険契約を移転し営業を開始
98年	業務量の減少に伴い全国7支社を閉鎖（事業所は本社のみに）
99年	タワー・エス・エイ社（フランス投資グループのアルテミス社の子会社）に株式を譲渡

〈販売チャネル〉

新規契約の募集は行っておらず、募集人はいない。

〈主なグループ会社〉

なし

〈R & I 格付け〉

保険金支払い能力格付け　なし

◇アルテミスに売却

あおば生命は日産生命の保有していたすべての保険契約の移転を受け、九七年十月から新規契約をとらない会社として営業を開始した。解約すると高いペナルティーをとられるにもかかわらず、開始後しばらくは解約が殺到。個人保険の保有契約高は半年で四割以上減少し、二兆円を上回っていた総資産は一年後には半減した。

新規の契約をとらないため、いずれは保有契約が少なくなり保険会社としての存続が難しくなる。このため、企業価値が残っているうちに

				98/3	99/3
個人保険新規契約高(億円)				−	−
個人保険保有契約高(億円)				32,318	24,419
保有契約平均保険金(千円)				3,942	3,682
失効解約率(%)				39.9	20.4
団体年金保有契約高(億円)				3,508	2,970
総資産(億円)				14,393	11,959
うち特別勘定(億円)				80	70
マーケットシェア(%)				0.8	0.6
基金または資本金(億円)				10	10
収入保険料(億円)				434	644
剰余金または利益金(億円)				▲82	▲132
ソルベンシー・マージン比率(%)				228.7	282.8

(注)　マーケットシェアは総資産

受け皿となる会社を見つける必要があった。九八年には米AIGの買収申し出をきっかけに公開入札を実施したが、価格面で折り合いがつかなかったと見られ、交渉はAIGを含め白紙に戻った。その後、九九年にフランスの投資グループ、アルテミス社との交渉がまとまり、アルテミス社の保険持ち株子会社であるタワー・エス・エイ社に二五〇億円で売却が決まった。

アルテミス社は保険、クレジット、小売り、不動産など様々な事業に投資している。小売業のプランタンやグッチ、イブサンローラン、美術品オークションのクリスティーズなどは日本でも有名だ。米カリフォルニア州では、九〇年代初頭に経営破綻した準大手生保エグゼクティブ・ライフ社の保険契約を継承し再建。この経験が今回のあおば生命買収にも生かされる。あおば生命の企業価値は残存する顧客基盤と保有資産だけであり、今後どのような事業展開を行っていくのか注目される。

外資系・異業種系生保

市場シェアの九割以上を占める大手、中堅生保が不振にあえぐなかで、外資系や異業種系生保には順調に契約を伸ばしている会社が多い。個人保険の保有契約純増高を見ると、ソニー生命やプルデンシャル生命などカタカナの名前がズラリと並ぶ。

ひとくちに外資系、異業種系と言っても、経営方針や販売スタイルは多種多様である。販売チャネル一つをとっても、変化に富んでいる。伝統的な生保の大半がセールスレディーによる対面販売を中心に展開しているのに対し、男子を中心とした営業職員によるコンサルティングセールスという会社もあれば、募集代理店を展開する会社や新聞広告などメディアを使った通販で知られる会社もある。

最近の傾向としては、外資の存在感が急速に高まっていることがあげられよう。特に、ゼロからの出発ではなく、M&Aにより日本市場に進出するケースが目立っている。例えば、米GEキャピタルやカナダのマニュライフは経営困難に陥った中堅生保の新規契約に関する営業権を手に入れることで、進出当初から中堅生保並みの販売組織を持つ会社としてスタートした。また、フランス・アクサグループは独自に日本法人を設立していたが、日本団体生命を傘下におさめ、一気に強固な地位を築こうとしている。ほかにも日本市場での事業展開を狙っている外資は多いだろう。

以下では外資系、異業種系のうち代表的ないくつかの会社を取り上げ、その事業展開などを簡単に解説する。

図表 5－1　外資系・異業種系・損保系生保の概要（99年 3 月末）

（単位：億円、%）

会社名	設立	総資産	（前期比伸び率）	個人保険保有契約高	（前期比伸び率）	個人保険新契約高	（対保有契約比率）
アメリカンファミリー	1974	25,504	(12.9)	40,077	(4.7)	4,201	(10.5)
アリコジャパン	1973	9,431	(10.5)	106,254	(12.5)	21,751	(20.5)
ソ ニ ー	1979	8,812	(28.5)	165,043	(22.2)	41,932	(25.4)
セ ゾ ン	1975	5,496	(2.4)	28,340	(▲3.4)	2,760	(9.7)
オリックス	1991	3,754	(62.7)	22,597	(23.2)	7,527	(33.3)
プルデンシャル	1987	3,331	(37.9)	107,352	(18.9)	23,424	(21.8)
GE エジソン	1998	3,276	(41.4)	20,642	(—)	23,335	(113.0)
アイエヌジー	1985	3,083	(8.6)	28,262	(11.1)	6,515	(23.1)
INA ひまわり	1981	2,804	(15.8)	39,803	(24.4)	11,568	(29.1)
ニ コ ス	1986	1,061	(4.3)	12,568	(6.5)	2,490	(19.8)
オ リ コ	1990	949	(12.7)	5,098	(23.0)	1,815	(35.6)
ア ク サ	1994	300	(50.3)	5,864	(66.1)	2,822	(48.1)
スカンディア	1996	124	(14.5)	549	(203.3)	383	(69.8)
チューリッヒ	1996	26	(37.4)	560	(278.3)	438	(78.2)
東京海上あんしん	1996	1,860	(70.6)	32,778	(78.0)	15,960	(48.7)
住友海上ゆうゆう	1996	690	(104.0)	13,760	(56.3)	6,161	(44.8)
三井みらい	1996	667	(84.8)	11,418	(64.7)	5,421	(47.5)
日　動	1996	385	(75.1)	7,807	(58.0)	3,512	(45.0)
同　和	1996	277	(47.6)	5,348	(51.5)	2,317	(43.3)
千代田火災エビス	1996	263	(41.8)	5,865	(81.7)	3,100	(52.9)
大東京しあわせ	1996	235	(38.4)	10,211	(52.5)	4,528	(44.3)
富　士	1996	225	(43.3)	7,517	(47.1)	3,191	(42.5)
興亜火災まごころ	1996	221	(40.0)	6,078	(58.8)	2,874	(47.3)
日本火災パートナー	1996	214	(25.2)	5,430	(92.1)	3,133	(57.7)
共栄火災しんらい	1996	197	(16.2)	3,400	(74.4)	1,755	(51.6)

アメリカンファミリー生命保険会社

◆会社の概要

正式名称は「アメリカンファミリー ライフアシュアランス カンパニー オブ コロンバス日本支社」。がん保険など健康保険制度や社会保障制度を補完する保険を中心に、募集代理店を通じて販売している。親会社（持ち株会社）は東証外国部に上場。

〈沿革〉

1974年	日本での営業開始。「がん保険」発売
83年	法人会の福利厚生制度として「がん保険」集団取扱協定を締結
89年	新ロゴマーク「AFLAC」を採用
96年	終身保険、定期保険、養老保険を発売
98年	全都道府県に支社設置完了

〈親会社の概要〉

アフラックは1955年に米コロンバスで設立された保険会社で、米国と日本で事業展開しているが、日本支社の貢献度が高い。米国では当初、がん保険が中心だったが、現在は傷害保険のウエートが大きくなっている。

〈販売チャネル〉

「アソシエイツ」と呼ばれる募集代理店チャネルが中心で、99年３月末の代理店数は7,242店。このうち半数近くが職域市場を担う法人代理店。近年は個人代理店の拡大に力を入れている。

〈R & I 格付け〉

保険金支払い能力格付け　なし

◆がん保険で高い成長

アメリカンファミリー生命は外資系、異業種系生保のなかで最も成功している会社の一つだろう。総資産は創業以来、二四年連続して二けた成長を続け、九九年三月末には二・五兆円を突破した。主力のがん保険の保有契約件数は一三一三万件に達しており、がん保険と言えばアメリカンファミリーの名前が浮かぶほど

	95/3	96/3	97/3	98/3	99/3
個人保険新規契約高(億円)	2,402	1,865	3,185	3,265	4,201
個人保険保有契約高(億円)	29,584	30,035	37,152	38,276	40,078
新契約平均保険金(千円)	236	267	371	366	458
失効解約率(%)	4.8	4.5	5.0	5.4	5.8
団体年金保有契約高(億円)	33,975	35,880	37,152	38,276	40,078
総資産(億円)	15,014	17,424	20,177	22,581	25,504
うち特別勘定(億円)	−	−	−	−	−
マーケットシェア(%)	0.8	0.9	1.1	1.2	1.3
基金または資本金(億円)	10	10	4	3	2
収入保険料(億円)	4,617	5,008	5,538	5,918	6,343
剰余金または利益金(億円)	342	517	629	491	757
ソルベンシー・マージン比率(%)				850.9	711.5

(注)　個人保険新規契約高は転換純増を含む。マーケットシェアは総資産

の高い知名度を獲得している。経営の健全性は高く、逆ざやや不良債権を抱えていない。がん保険など医療関係の保険は現在のところ収益性が高く、この点も健全性を支えている。

アメリカンファミリーの得意とする第三分野はこれまで大手生損保への参入規制によって守られてきた。だが、二〇〇一年には規制がなくなり競合激化は避けられない。ブランドの浸透度や商品開発の実績などから急速に落ち込む事態は想定しにくいが、従来のような高い成長力を維持するのは至難の業だ。

最近のアメリカンファミリーの事業展開を見ると、単なる守りの姿勢ではないことがわかる。例えば、従来から強みとする職域市場は大手生保などの参入が最も予想されるため、近年は家庭市場や中小企業市場をターゲットにした個人代理店を増やしている。商品面でも、がん保険や医療保険などに加え、終身保険や定期保険といったいわゆる生命保険の取扱いも開始した。もっとも、死亡保障商品を販売の柱に据えるのではなく、大手生保の補完的な位置づけとして顧客に販売している。

アリコジャパン

◆会社の概要

正式名称は「アメリカン　ライフ　インシュアランス　カンパニー日本支社」。七二年に外資系生保第一号として創業した当時から「創造と挑戦」をモットーに、他社に先駆けたユニークな商品の提供や新しい販売チャネルの開発に取り組んでいる。

〈沿革〉

1954年	日本支社開設
73年	日本人向け営業開始
76年	通信販売を開始
92年	生きるための保険「エトワ」を発売
98年	無選択型終身保険を発売
99年	解約返戻金のない終身医療保険発売

〈親会社の概要〉

アメリカン・インターナショナル・グループ（AIG）は世界130の国・地域で事業展開をしている保険・金融サービスグループ。99年には米年金大手のサンアメリカ社を買収。

日本ではアリコジャパンのほか損保のAIU保険、アメリカンホーム保険などを展開。

〈販売チャネル〉

約2,500名のコンサルタント社員による対面販売チャネル、損保代理店を中心とする募集代理店チャネル（約9,500店）、新聞広告などを活用したダイレクトチャネルなど。

〈R＆I格付け〉

保険金支払い能力格付け　　なし

◆差別化に腐心

アリコジャパンは外資系生保の草分け的存在である。「既存の大手、中堅生保と違う保障をいかに提供するか」という視点に立った経営戦略が顧客に受け入れられ、契約を順調に伸ばしている。九九年九月上半期の新規契約高は前年の反動もありマイナスに転じたが、保有契約高は二けた増を達成した。

	95/3	96/3	97/3	98/3	99/3
個人保険新規契約高(億円)	11,936	13,464	15,792	16,698	21,752
個人保険保有契約高(億円)	73,330	78,763	86,755	94,331	106,255
新契約平均保険金(千円)	3,307	3,419	3,697	3,798	4,509
失効解約率(%)	10.6	9.9	9.3	9.4	9.1
団体年金保有契約高(億円)	—	—	—	—	—
総資産(億円)	6,658	7,740	8,072	8,532	9,432
うち特別勘定(億円)	1,649	1,949	1,673	1,530	1,522
マーケットシェア(%)	0.4	0.4	0.4	0.4	0.5
基金または資本金(億円)	43	43	43	43	43
収入保険料(億円)	1,898	2,086	2,271	2,498	2,925
剰余金または利益金(億円)	147	176	176	176	194
ソルベンシー・マージン比率(%)				1129.2	1240.6

(注)　個人保険新規契約高は転換純増を含む。マーケットシェアは総資産

他社との差別化は、商品開発の面で端的に示されている。日本で初めて無配当の定期保険や終身保険を導入し、入院保障だけ欲しいというニーズに応えて疾病保険を開発した。最近でも、年齢条件さえ満たせば誰でも入れる小口の無選択型終身保険「はいれます」や、解約返戻金や死亡保険金をなくして保険料を安くした終身医療保険、ファンド選択型の変額個人年金保険「北斗七星」など、新しいコンセプトの商品を次々に投入している。他社から「外圧によって商品認可に圧力をかけている」との声さえ出てくるほどだ。

販売チャネルも一つにこだわるのではなく、むしろ複数チャネルに競合させる方針のようだ。とはいえ、男子営業職員を中心とするコンサルティングは準富裕層や中小企業などが多く、募集代理店チャネルは従来から地縁や血縁で結びつきのある損保商品の顧客、ダイレクト販売は不特定のマスマーケットと、一定の棲み分けがなされている。

親会社のアメリカン・インターナショナル・グループ（AIG）はあおば生命の買収計画（実現せず）など日本での事業拡大に意欲的で、今後の動向に注目したい。

ソニー生命保険株式会社

◇会社の概要

七九年にソニー・プルーデンシャル生命として設立。八七年に米プルデンシャルとの合弁契約を終了しソニー主体となった。独自の営業組織であるライフプランナー制度によりコンサルティングセールスで高い成長を続けている。

〈沿革〉

1979年	ソニーと米プルデンシャルの合弁で生命保険会社を設立
81年	営業開始
87年	プルデンシャルとの合弁契約終了
91年	ソニー生命保険㈱に改称
96年	ソニーの100%子会社に
98年	学資保険のダイレクトセールス開始 ソニー生命フィリピンを設立
99年	投資信託の販売を開始

〈親会社の概要〉

日本を代表するハイテク企業。グループの金融関連事業にはソニー生命のほか、ソニーファイナンスがある。99年から通販による損害保険事業に進出した。

〈販売チャネル〉

「ライフプランナー」と呼ばれる営業職員チャネルと、約1,300店の募集代理店チャネルの二本柱。99年3月末のライフプランナーは4,156名に達している。

〈R＆I格付け〉

保険金支払い能力格付け　AA−

◇保有純増額トップ

ソニー生命は個人保険の保有契約高を業界で一番増やしている会社である。新規契約高の伸展と解約失効率の相対的な低さから、九九年三月期は個人保険の保有契約高を二割以上も増やした。ただ、九九年上半期は保険料値上げや制度改革の影響で、新規契約高が大きく落ち込んだ。今後の動向が気

	95/3	96/3	97/3	98/3	99/3
個人保険新規契約高(億円)	20,276	31,085	34,598	35,952	41,933
個人保険保有契約高(億円)	55,141	81,179	109,218	135,057	165,044
新契約平均保険金(千円)	9,480	8,747	9,338	9,180	8,789
失効解約率(%)	10.3	8.9	7.7	8.6	8.0
団体年金保有契約高(億円)	236	275	273	168	183
総資産(億円)	2,705	4,212	5,371	6,857	8,812
うち特別勘定(億円)	381	436	481	559	630
マーケットシェア(%)	0.2	0.2	0.3	0.4	0.5
基金または資本金(億円)	220	220	220	500	500
収入保険料(億円)	1,215	2,217	2,156	2,748	3,398
剰余金または利益金(億円)	▲89	▲88	▲86	▲87	▲90
ソルベンシー・マージン比率(%)				1545.5	1429.1

(注)　個人保険新規契約高は転換純増を含む。マーケットシェアは総資産

がかりである。

高い成長を支えてきたのがライフプランナー制度。他業界での営業経験者をリクルートし、顧客ニーズに最適な保険商品をオーダーメードで提供するコンサルティングセールスを行っている。パソコンを駆使し、将来のライフプランに基づいたコンサルティングセールスには、既存生保のセールスレディーチャネルにはない斬新なイメージがある。数年前からライフプランナー組織を急速に拡大。わずか四年間で職員数を倍増したが、やや生産性に悪影響が出ているようだ。

収益面も比較的良好だ。定期保険や終身保険など保障性商品を中心に販売しており、しかも営業職員当たりの保険金額が非常に高い。また、ライフプランナーやそのマネジャーである支社長、営業所長の報酬体系は業績に応じて支給される業績比例給であり、高効率で強い販売チャネルを実現している。

かつては挑戦者の立場だったが、大手生保を含め各社のターゲットにされつつある。これまでのように既存生保から契約を奪うことが徐々に容易でなくなると見られ、これからが会社の真価を問われることになろう。

セゾン生命保険株式会社

◆会社の概要

七五年にセゾングループと米オールステート保険グループの折半出資で設立。当初より、男子営業職社員によるコンサルティングセールスという従来とは異なる販売方式を導入した。九七年にオールステートとの合弁関係を解消し、セゾングループの全額出資会社となった。

〈沿革〉

1975年	西武オールステート生命保険㈱設立
76年	営業開始
90年	セゾン生命保険㈱に改称
97年	NCA（ニューコンサルティングエージェント）を導入 米オールステート社との合弁解消（セゾングループの100%出資会社に）
98年	優良体保険を発売

〈親会社の概要〉

セゾングループは流通業を母体にした企業集団。筆頭株主のクレディセゾンはそのなかでファイナンシャルグループの中心であり、約1,140万人のカード会員を抱える。

〈販売チャネル〉

ライフスペシャリスト（営業職社員）による携帯パソコンを活用したコンサルティングセールスが中心。99年3月末の職員数は720名。NCAという少数精鋭の新チャネルも。

〈R & I 格付け〉

保険金支払い能力格付け　BBB＋

◆販売組織の立て直し

九七年にクレディセゾングループの傘下に入り、セゾングループの有力者の一人でもある竹内敏雄会長兼社長の下で、新規チャネルによるコンサルティングセールスの強化と、クレディセゾンの持つインフラを活用した本格的なデータベース・マーケティングを二本柱に第二の創業を目指している。

	95/3	96/3	97/3	98/3	99/3
個人保険新規契約高(億円)	4,701	4,810	4,494	3,074	2,764
個人保険保有契約高(億円)	27,193	28,871	30,320	29,329	28,341
新契約平均保険金(千円)	5,275	4,884	5,622	5,338	5,189
失効解約率(%)	10.8	10.6	9.7	12.2	11.4
団体年金保有契約高(億円)	382	401	297	239	233
総資産(億円)	4,526	5,043	5,334	5,367	5,497
うち特別勘定(億円)	−	−	−	−	−
マーケットシェア(%)	0.3	0.3	0.3	0.3	0.3
基金または資本金(億円)	60	60	60	60	60
収入保険料(億円)	654	915	869	731	700
剰余金または利益金(億円)	23	28	30	28	29
ソルベンシー・マージン比率(%)				510.9	401.7

(注)　個人保険新規契約高は転換純増を含む。マーケットシェアは総資産

だが、引き続き販売面では苦戦が続いている。九九年九月上半期には個人保険、個人年金の新規契約高が前年同期に比べ三割も落ち込み、保有契約高も五%近く減少した。強い営業集団の構築に全精力を注ぎ込んでいるが、やや時間がかかっているようだ。新規チャネルのNCAは富裕層などへ高額保障商品の販売を狙うが、立ち上がりが遅れている。その一方で、既存チャネルは職員数の減少などから弱体化が目立つ。セゾンカードホルダーに対するデータベース・マーケティング技術や、クレディセゾンの持つ最先端のコールセンター設備などの本格的な活用もこれからといったところだ。

大がかりなリストラにより収益改善を図るが、販売組織強化のための新たな経営戦略が軌道に乗らない限り本格的な業績の回復は難しいだろう。

なお、西洋環境開発の問題などセゾングループの動向からも目が離せない。セゾン生命がグループ内でどのような位置づけとなるのか、あるいは別の展開となるのか、今後に注目したい。

オリックス生命保険株式会社

◇会社の概要

オリックスグループの全額出資会社。九一年設立と歴史は浅いが、中小法人市場を中心に高い成長を続けている。九七年九月から通信販売による低価格の直接募集型生命保険「オリックスダイレクト保険」を発売した。

〈沿革〉

1991年　オリックス・オマハ生命保険㈱設立
92年　オリックスグループの全額出資会社となる
93年　オリックス生命保険㈱に改称
95年　逓増定期保険を発売
97年　通販専用商品「オリックスダイレクト保険」を発売
99年　墓石販売会社との提携商品「アンシア」の取り扱い開始

〈親会社の概要〉

オリックスグループはリースを中心に金融・不動産分野など多角的な事業展開を進めている。グループで銀行・信託、証券、保険の各業態すべてを手がける。

〈販売チャネル〉

法人市場向けの募集代理店チャネルと、マスマーケットを対象に新聞広告などを活用した通販チャネルによる販売。営業職員による販売は行っていない。

〈R & I 格付け〉

保険金支払い能力格付け　A

◇オリックスと密接

オリックス生命は歴史が浅いこともあり、限られた経営資源を特定の市場、商品に集中してきた。親会社のオリックスが募集代理店になっており、オリックスの営業社員がリースなどとともに保険を販売している。このため、中小企業経営者など法人契約が大半を占めており、退職金など企業の福利厚生の一環として活用される逓増定期保険

	95/3	96/3	97/3	98/3	99/3
個人保険新規契約高(億円)	4,045	4,666	4,208	6,611	7,528
個人保険保有契約高(億円)	12,352	15,614	16,100	18,347	22,597
新契約平均保険金(千円)	11,205	10,326	9,133	9,300	7,088
失効解約率(%)	9.6	10.1	15.5	15.9	13.1
団体年金保有契約高(億円)	—	—	—	—	—
総資産(億円)	728	1,133	1,562	2,307	3,754
うち特別勘定(億円)	—	—	—	—	—
マーケットシェア(%)	0.0	0.1	0.1	0.1	0.2
基金または資本金(億円)	70	70	70	70	150
収入保険料(億円)	411	634	752	1,159	1,858
剰余金または利益金(億円)	▲3	▲4	▲8	▲13	▲21
ソルベンシー・マージン比率(%)				1184.5	837.6

(注)　個人保険新規契約高は転換純増を含む。マーケットシェアは総資産

や養老保険が主力商品である。なお、解約失効率が一〇%台と高いが、もともと解約返戻金を活用することが前提となっている商品もあるからだ。

他方、従来ほとんど手がけていなかった個人市場向けに、九七年から「オリックスダイレクト保険」の販売を開始した。経費削減により付加保険料を引き下げ、安価な保険商品を実現し、オリックス生命の認知度を向上させた。ただ、販売の中心は現在のところ一時払い養老保険であり、収益の柱に育つには時間がかかるものと見られる。

九九年九月上半期では保有契約高が前年同期に比べ約二割増となる一方で、総資産は四五%も増え、貯蓄性の高い商品が主力となっていることを示している。急激な資産規模の拡大は支払い余力の低下や流動性リスクの拡大を招くことになり、注意が必要だ。

オリックスとは販売面のみならず、密接な関係にある。オリックス生命の役員一三名のうち一〇名がオリックス出身だ。経営規模の拡大に伴い九九年三月に実施した八〇億円の第三者割当増資も全額オリックスへ割り当てられている。

プルデンシャル生命保険株式会社

◇会社の概要

八七年にソニーとの合弁を解消し、日本法人を設立。ライフプランナーが顧客に合った保険を設計、販売するニーズセールスで着実に成長を続けている。

1987年	米プルデンシャル生命の日本法人として設立
88年	営業を開始
92年	日本で初めて「リビング・ニーズ特約」を発売

〈親会社の概要〉

米プルデンシャル保険は北米最大の生命保険会社で、総資産は約32兆円。世界30カ国で事業を展開しており、日本では生命保険事業のほかに、三井信託銀行と合弁で投資信託委託会社を設立（2000年に解消）。2000年末までに現在の相互会社から株式会社に転換し、株式を上場する準備を進めている。

〈販売チャネル〉

販売チャネルは営業社員（ライフプランナー）のみ。99年３月末のライフプランナーは1,486名。募集代理店は１店もなく、通販も行っていない。

〈R & I 格付け〉

保険金支払い能力格付け　なし

◇質と量を追求へ

男子を主体とする営業社員「ライフプランナー」チャネルは、俗に「ソニ・プル型」と言われ、今では大手生保も同様のチャネルを試みている。そのソニー生命とプルデンシャル生命は、もともとは同じ会社としてスタートし、その後合弁を解消して別会社となった経緯がある。ソニー生命はその後、代理店や通販チャネルにも進出したが、プルデンシャル生命は今でもライフプランナーチャネル一

	95/3	96/3	97/3	98/3	99/3
個人保険新規契約高（億円）	16,850	17,006	17,447	18,905	23,424
個人保険保有契約高（億円）	48,263	6,254	76,473	90,260	107,352
新契約平均保険金（千円）	18,254	17,601	18,211	17,499	17,023
失効解約率（%）	6.4	5.6	5.5	6.6	6.9
団体年金保有契約高（億円）	—	—	—	—	—
総資産（億円）	724	1,195	1,739	2,416	3,331
うち特別勘定（億円）	200	272	318	358	431
マーケットシェア（%）	0.0	0.1	0.1	0.1	0.2
基金または資本金（億円）	100	100	100	100	100
収入保険料（億円）	543	772	943	1,119	1,385
剰余金または利益金（億円）	▲16	▲16	▲16	▲16	▲14
ソルベンシー・マージン比率（%）				1702.0	1542.1

（注）　個人保険新規契約高は転換純増を含む。マーケットシェアは総資産

筋だ。業績は順調で、九九年九月上半期も個人保険の新規契約高、保有契約高はともに二けたの伸びを達成した。

かねてから質を最重要視した経営戦略をとっており、個人の顧客のニーズ分析を行うコンサルティングセールスを徹底的に行っている。保険契約の継続率（直近の二五月目継続率は約八九％）は業界トップクラスと言われ、顧客満足度も高い。営業職員のターンオーバー（大量採用、大量脱落）が問題となるなか、ライフプランナーの定着率は採用してから二年後でも九割を超えている（大手生保では三割も定着しない）。ライフプランナーの採用が毎年二〇〇名程度というのも、組織を急拡大しているソニー生命とは対照的だ。

今後のプルデンシャル生命は、これまでの「量より質を重視」から「質を維持しながら量を追求」する戦略への転換を図っている。採用基準を低くすれば組織を拡大するのは簡単だが、その分生産性が落ちたのではプルデンシャルらしさがなくなってしまう。量の拡大はある程度緩やかなものとなるのではなかろうか。

アイ・エヌ・エイひまわり生命保険株式会社

◆会社の概要

米総合金融のシグナグループと損保大手の安田火災海上保険の合弁会社。将来的には安田火災の子会社となる方針。社名の「ひまわり」は安田火災が所有するゴッホの絵画「ひまわり」にちなんだもの。

〈沿革〉

1981年	INA社の100%出資でアイ・エヌ・エイ生命保険㈱を設立
83年	安田火災海上保険㈱と業務提携
93年	安田火災が株式の10%を取得
96年	安田火災と業務の代理・事務の代行委託契約を締結
97年	アイ・エヌ・エイひまわり生命保険㈱に改称
99年	安田火災が株式の39%を取得

〈親会社の概要〉

米CIGNAグループは米国をはじめ世界各国で年金や保険など各種金融サービスを提供している。

実質的な親会社である安田火災は損保第2位で大衆分野に強み。

〈販売チャネル〉

募集代理店、営業職員、ダイレクトの3チャネルを持つが、現在の中核は安田火災の損保代理店。99年3月末の代理店数は18,000店を超えている。

〈R & I 格付け〉

保険金支払い能力格付け　なし

◆安田火災グループ

九五年の保険業法改正で子会社方式による生損保相互参入が可能となり、損保各社は生保子会社の設立に走った。しかし、業界第二位の安田火災は子会社を作らず、外資系生保との提携強化という道を選んだ。

安田火災とシグナグループは七〇年代から提携関係にあり、八三年から安田火災の専属代理店で生

	95/3	96/3	97/3	98/3	99/3
個人保険新規契約高(億円)	3,897	4,350	7,701	10,910	11,569
個人保険保有契約高(億円)	17,257	19,426	24,606	31,991	39,804
新契約平均保険金(千円)	7,841	6,474	4,981	4,826	4,444
失効解約率(%)	12.4	12.2	12.6	11.7	9.8
団体年金保有契約高(億円)	—	—	—	—	—
総資産(億円)	1,898	2,047	2,208	2,422	2,805
うち特別勘定(億円)	144	119	91	78	69
マーケットシェア(%)	0.1	0.1	0.1	0.1	0.1
基金または資本金(億円)	73	73	73	73	73
収入保険料(億円)	584	614	688	883	1,100
剰余金または利益金(億円)	▲10	▲8	▲15	▲11	5
ソルベンシー・マージン比率(%)				862.6	763.9

(注)　個人保険新規契約高は転換純増を含む。マーケットシェアは総資産

保を扱っていた。だが、九六年に安田火災が生保販売に全面的に取り組むようになってから、販売面に関しては全く別の会社になったと言ってもいいだろう。かつては公認会計士や税理士などの代理店のウエートが高かったが、現在では収入保険料の半分が損保代理店によるものだ。

商品ラインアップは幅広いが、主力は終身保険と収入保障特約のセット、それに医療保険など第三分野の商品だ。なかでも終身医療保険に力を入れており、九九年から五年ごとに給付金が支払われる「無事で何より割引」を導入した。

なお、安田火災が子会社化できるかどうかは、今後の日米保険協議によるところが大きい。予定通り二〇〇一年に第三分野の解禁が実施されれば、その時点で子会社化という話になるのだろうが、過去の保険協議を考えると先行きは不透明である。

GEエジソン生命保険株式会社
マニュライフ・センチュリー生命保険株式会社

◆中堅生保の営業権を得てスタート

従来の外資系、異業種系生保とは異なり、両社は中堅生保の販売組織を譲り受けて営業を開始したため、初年度からかなりの存在感がある会社としてスタートした。

GEエジソン生命保険の設立は九八年三月で、東邦生命保険相互会社と世界最大級のノンバンクである米GEキャピタル社との提携により誕生した。マニュライフ・センチュリー生命保険の設立は翌九九年三月で、第百生命保険相互会社とカナダ最大手の生命保険会社マニュライフ・ファイナンシャルの合弁会社である。

外資と中堅生保の合弁とはいえ、実質的には外資による中堅生保の買収であり、しかも逆ざやや不良債権など負の遺産を一切切り離した形での買収である。GEエジソン生命の場合、設立の翌年に経営破綻した東邦生命の契約を引き継ぐことになったため、二〇〇〇年四月からは販売組織の規模だけではなく、保有契約高、総資産ともに中堅生保クラスの（かつ、逆ざやを抱えていない）会社が登場することになる。

ただし、新規契約高を見た限りでは、業績は期待通りというわけではなさそうだ。九九年九月上半期は、GEエジソン生命の個人保険、個人年金の新規契約高が前期に比べ四割も落ち込んだ。マニュライフ・センチュリー生命も前年同期の第百生命に比べ、やはり新規契約高が二七％も減少した。GEエジソン生命の場合は保険料重視の販売戦略に切り替えた影響もあるようだが、両社の営業職員は新規契約の獲得のほかに、東邦生命や第百生命の契約者に対するフォローも受託しており、東邦生命の破綻による影響で営業職員が顧客対応に追われたことも、業績不振の一因と見られる。

しかし、一度弱体化した販売組織を立て直すのはそう簡単ではないだろう。商品面を見ても、設立が一年早いＧＥエジソン生命は新型の医療保険など複数の独自商品を投入しているが、基本的には東邦生命や第百生命から引き継いだものが中心で、まだまだ独自色を出し切れていない。しかも、ＧＥエジソン生命の場合、東邦生命から引き継いだ契約者の大半は移転の際に予定利率引き下げなどの不利益を被っている。追加契約などの事業基盤として多くを期待できないかもしれない。買収したインフラを生かしつつ、今後どのような戦略をとっていくのかが注目される。

損保系生保

◇実態は親会社の生保事業部門

九五年の保険業法改正を受けて、新たに一一社の損保系生保が誕生した（九九年五月からはディー・アイ・ワイ生命保険が営業を開始し、損保系生保は一二社になった）。損保系生保の特徴は、自らは販売組織を持たず、商品開発と資産運用業務、販売チャネルの教育に徹していること、親会社からの出向社員が運営していることなどである。規制により子会社形式になっているが、実質的には親会社の生保事業部門と言ってもいいだろう。

顧客基盤は親会社の損保の顧客であり、販売チャネルは専ら親会社の損保代理店だ。なかには富士生命のように親会社の営業社員が販売の主力となっているケースもあるし、東京海上あんしん生命保険の営業職員チャネルや三井みらい生命保険の通販のように、一部では独自のチャネル展開も見られる。

九六年十月のスタートから三年以上経過したが、業績は東京海上あんしん生命保険の一人勝ちという感じだ。九九年上半期には、多くの会社で新規契約高（個人保険、個人年金保険）が前年実績を割り込んだ。親密先などからの御祝儀契約が一巡したことに加え、自動車保険の多様化など損保での競合が厳しくなり、おそらく生保が手薄になっているのだろう。ただ、生保事業の高い収益性を反映し、各社とも一、二年以内には黒字化する見込みだ。

◇親会社の代理店網をいかに活用するか

最大の課題は、損保代理店にいかにして生保を売ってもらうかという点に尽きる。委託代理店の数は多いが、稼働率はまだまだ低い。同じ保険でも損保はニーズ顕在型で、しかも最近までどこの会社の商品でも大差なく、コンサルティングセールスとは無縁の世界が続いていた。このため、損保で実力のある代理店が必ずしも生保では成績が上がらない場合もしばしば見られ、各社とも代理店の教育には苦労しているようだ。

住友海上ゆうゆう生命保険など三社が九九年四月から発売した「積立型終身保険」は追加の保障需要を狙った小口の保険で、いわば代理店の生保入門商品だ。生保販売に慣れてもらうためにはこのような取り組みも大事だが、次にうまくつながるかどうか。何より生保事業を親会社の経営戦略の重要な柱と位置づけ、成績も損保と同じように評価するというしくみが必要だろう。

二〇〇一年から第三分野が解禁となれば、損保系生保でも医療保険などを扱うことができる。構成員契約ルールも企業代理店に強い損保系生保の足かせになっている。これら規制緩和の動向も各社の経営戦略に大きな影響を与えることになるだろう。

東京海上あんしん生命保険株式会社

◇会社の概要

東京海上火災保険の一〇〇％出資により設立された損保系生保。相次ぐ新商品開発と親会社の販売チャネルの活用で保有契約高を急速に伸ばしている。

◇業界三位の保有純増

九六年十月の営業開始からまだ三年強しか経過していないが、親会社の代理店チャネルをうまく活用し、保有契約高は急速に拡大。九九年九月上半期の保有純増高はソニー生命、プルデンシャル生命に次ぎ業界第三位の地位を占めている（マニュライフ・センチュリー生命を除く）。

商品開発力でもアピールしている。九七年には一つの保険で死亡、入院、介護を総合的にカバーする「3つのあんしん」、九八年に

〈沿革〉

1996年	東京海上あんしん生命保険㈱を設立
97年	代理店に加え、ライフパートナーによる本格的営業開始
	独自商品「3つのあんしん」を発売
98年	「長割り終身」を発売

〈親会社の概要〉

東京海上火災保険は国内損保トップ企業で三菱グループに属する。収益性、財務体力とも群を抜いた存在。損保とともに生保を経営の重要な柱として位置づけている。

〈販売チャネル〉

東京海上の代理店ネットワークを通じての販売が主力。99年3月末の募集代理店数は18,604店。ライフパートナーと呼ばれる直販社員による営業も手がけている。

〈R & I 格付け〉

保険金支払い能力格付け　AAA

			97/3	98/3	99/3
個人保険新規契約高（億円）			6,315	12,713	15,960
個人保険保有契約高（億円）			6,299	18,410	32,778
新契約平均保険金（千円）			11,408	11,575	10,867
失効解約率（％）			−	9.3	8.3
団体年金保有契約高（億円）			3	131	226
総資産（億円）			509	1,090	1,860
うち特別勘定（億円）			−	−	−
マーケットシェア（％）			0.0	0.1	0.1
基金または資本金（億円）			300	300	300
収入保険料（億円）			172	754	1,064
剰余金または利益金（億円）			▲9	▲24	▲45
ソルベンシー・マージン比率（％）				2946.1	1800.7

（注）　個人保険新規契約高は転換純増を含む。マーケットシェアは総資産

は解約返戻金の水準を抑えることで保険料を低廉化した「長割り終身」と次々に独自商品を投入している。特に「長割り終身」は業界内にも様々な反響を引き起こした。

販売チャネルのうち九割以上は代理店チャネルだが、九七年から「ライフパートナー」という自前の直販チャネルを導入した。ライフパートナーはソニー生命やプルデンシャル生命と同様に大卒男子を中心とする営業部隊で、業績比例の給与体系となっている。まだ一五〇名程度の陣容だが、将来的には販売の柱にしていく方針だ。親会社の顧客基盤に依存した成長にはいずれ限界が来ることを見越した戦略と言えよう。なお、構成員契約ルールにより大手損保の強みの一つである企業代理店では生保を扱うことができない。

東京海上あんしん生命は、ＡＬＭ（資産・負債の総合管理）についても前向きに取り組んでいる。東京海上のノウハウを応用し、金利スワップ取引などデリバティブを利用したリスクヘッジを実施しているのも他社にはあまり見られない特色だ。

ディー・アイ・ワイ生命保険株式会社

◆会社の概要

日産火災海上保険の一〇〇％出資により設立。一年更新の掛け捨て生命保険「1年組み立て保険」をダイレクトチャネルで顧客に提供。

〈沿革〉

1999年　日産火災海上保険の100％出資により設立

〈親会社の概要〉

日産火災海上保険は損保中堅で日立、日産グループ。企業分野に強みを持つ。

〈販売チャネル〉

新聞やチラシなどを活用した通販チャネル。親会社の損保代理店の一部でも商品を扱っている。

〈R＆I格付け〉

保険金支払い能力格付け　なし

◆ターゲットを絞って参入

ディー・アイ・ワイ（DIY）生命保険は九九年五月に営業をスタートした新しい会社である。日産火災海上保険は九六年時点では生保子会社を設立せず、朝日生命保険との販売提携を選んだ。その後、顧客へのインタビューを繰り返した結果として、独自のコンセプトで新たに参入することとなった。

DIY生命の特色は、自分で合理的に判断し主体的に行動する人々にターゲットを絞り込んだ点にある。「自分の判断で自分に必要な保障額だけ欲しい」「自分の生活設計に合わせて保障を変えていきたい」という声をもとに開発したのが「1年組み立て保険」である。保険期間が一年間であるため、加入後のライフステージの変化に合わせて保障の見直しが主体的にできる。ＤＩＹ生命ではこのような顧客マーケットが、年間保険料ベースで五〇〇億円程度あると見込んでいる。

販売チャネルはほかの損保系生保とは異なり、コールセンターとインターネットを活用したダイレクト・マーケティング・システムを主体としている。新聞などのメディアや折り込み広告などで顧客へアプローチし、「ＤＩＹ組み立てキット」で顧客に必要保障額を計算してもらうしくみだ。

ただ、設立後五カ月の新規契約高は二三七億円、収入保険料では四〇〇〇万円強にとどまっている。ターゲットとする顧客層は確実に存在すると思うのだが、まずは顧客への浸透度を高めることが先決だろう。

参考文献

・朝日生命総合企画部編『図解　変わる生命保険業界』（東洋経済新報社、一九九七年）
・アンダーセンコンサルティング金融ビッグバン戦略本部編『保険業の大転機』（東洋経済新報社、一九九九年）
・植村信保『生保の未来』（日本経済新聞社、一九九九年）
・厚生年金基金連合会編『運用自由化時代の年金基金の資産運用』（東洋経済新報社、一九九九年）
・刀禰俊雄・北野実『現代の生命保険　第2版』（東京大学出版会、一九九七年）
・日本格付投資情報センター編『格付けの知識』（日本経済新聞社、一九九八年）
・古瀬政敏『生命保険ビッグバン』（東洋経済新報社、一九九七年）
・「厚生白書　平成十一年版」
・「週刊東洋経済　生命保険特集　九九年版」（東洋経済新報社）
・「日経公社債情報（各号）」（日本格付投資情報センター）
・「年金情報（各号）」（日本格付投資情報センター）
・「インシュアランス生命保険統計号（各年版）」（保険研究所）
・生保各社のディスクロージャー資料

た　行

索　引

R&Iシリーズ刊行に当たって

九八年四月に二つの格付け会社が合併して日本格付投資情報センター（略称R&I）が発足しました。一つは日本インベスターズサービス、もう一つは日本公社債研究所です。この二年間で格付け符号の統一など新体制づくりも一段落したのを機に、新生R&Iの活動を幅広く知ってもらう必要があるとの判断で、このたびR&Iシリーズを刊行することになりました。

九七年十一月の山一証券自主廃業をひとつの契機とした日本経済の「戦後最大の不況」は、格付けの世界でも激震でした。社債一つ一つの符号を根底から見直す必要に迫られたのです。この間、格付け符号の見直しが株価に影響を与えたり、ときには倒産の引き金になる、といったことがらを通じて格付けの社会的な影響力が強まりました。そのこと自体は格付け冥利に尽きる、ありがたいことではありますが、一方では社会的責任の重さがずしっと響いてまいります。

新シリーズの刊行を快諾して下さった日本経済新聞社に深く感謝しています。多くの読者の共感と支援を心からお願いいたします。

二〇〇〇年四月

日本格付投資情報センター

〈著者略歴〉
植村信保（うえむらのぶやす）

1967年生まれ。
1990年　東京大学文学部西洋史学科卒業。同年、安田火災海上保険に入社し、財務調査部などでマクロ経済や金融分析を担当。
1996年　安田火災ブリンソン投資顧問（当時）を経て、
1997年　日本公社債研究所（現日本格付投資情報センター）入社。
現　在　格付第三部シニアアナリストとして生損保を中心に金融機関の格付けを担当。金融審議会保険基本問題ワーキンググループ委員も務める。
著　書　『生保の未来』（日本経済新聞社、1999年）

検証・日本の生保
――生保危機と再編の行方――

2000年4月24日　1版1刷

著　者　植　村　信　保

発行者　池　田　昌　之
発行所　日本格付投資情報センター
東京都中央区日本橋人形町3-8-1　〒103-0013
電話（03）5644-3400（代）

発　売　日　本　経　済　新　聞　社
http://www.nikkei.co.jp/pub/
東京都千代田区大手町1-9-5　〒100-8066
電話（03）3270-0251　振替 00130-7-555

印刷・広研印刷／製本・積信堂
ISBN 4-532-63022-3